I0138804

WIENER IBEROROMANISTISCHE STUDIEN 13

Hrsg. von Kathrin Sartingen

PETER LANG

Kathrin Sartingen /
Esther Gimeno Ugalde
(eds.)

Cinema de migração em língua portuguesa

Espaço, movimento e travessia
de fronteiras

PETER LANG

Bibliografische Information der Deutschen Nationalbibliothek
Die Deutsche Nationalbibliothek verzeichnet diese Publikation
in der Deutschen Nationalbibliografie; detaillierte bibliografische
Daten sind im Internet über http://dnb.d-nb.de abrufbar.

Umschlagabbildung: © Isabel Araújo Branco

ISSN 2193-8350
ISBN 978-3-631-81032-3 (Print)
E-ISBN 978-3-631-85158-6 (PDF)
E-ISBN 978-3-631-85159-3 (EPUB)
E-ISBN 978-3-631-85160-9 (MOBI)
DOI 10.3726/b18252

© Peter Lang GmbH
Internationaler Verlag der Wissenschaften
Berlin 2021
Alle Rechte vorbehalten.

Peter Lang – Berlin · Bern · Bruxelles · New York ·
Oxford · Warszawa · Wien

www.peterlang.de

Índice

Kathrin Sartingen e Esther Gimeno Ugalde

Cinema de migração:
tentativa de uma aproximação teórica

Em tempo de guerra, qualquer buraco é trincheira.

(Ditado popular português)

Têm sido diferentes as intenções e motivações que levaram, ao longo dos séculos, as populações a migrarem de um lugar para o outro, de um país a outro, de uma cultura, língua, religião a outra. Nem sempre os motivos de migração – de fuga, de exílio, de diáspora – têm sido uma guerra ou um combate; muitas vezes, as razões de pôr-se a caminho têm sido económicas, religiosas, políticas, étnicas, etc. Em todos os casos, por mais diferentes que sejam, um facto sempre as uniu: a procura de uma "trincheira", como diz o velho ditado popular português, isto é, o desejo de sobreviver, de achar um lugar mais apropriado, de procurar uma vida mais digna. Para isto, até qualquer "trincheira" serviria para melhorar a situação pessoal, familiar ou coletiva.

As inúmeras ondas migratórias das últimas décadas, ocorridas em contínuos deslocamentos transnacionais de populações diversas à volta do mundo, têm provocado importantes alterações no tecido social e na identidade cultural dos respetivos países, assim como nas relações entre eles. Segundo a Organização Internacional para as Migrações, em 2019 o número de migrantes à volta do mundo, ou seja, pessoas residentes num país diferente do seu país de nascimento, chegou aos 272 milhões, 51 milhões mais do que em 2010. Enquanto muitas pessoas migram por eleição, outras fazem-no por necessidade. Assim, no mundo há atualmente cerca de 68 milhões de pessoas deslocadas à força, incluindo mais de 26 milhões de refugiados[1], 3,5 milhões de requerentes de asilo e mais de 41 milhões de pessoas deslocadas internamente[2], sem esquecer o

---

1 A Agência de Refugiados das Nações Unidas (UNHCR, pelas suas siglas em inglês) estabelece uma clara distinção entre migrantes e refugiados. Cf. https://www.unhcr.org/news/latest/2016/7/55df0e556/unhcr-viewpoint-refugee-migrant-right.html#:~:-text=So%2C%20at%20UNHCR%20we%20say,persecution%20across%20an%20international%20border [último acesso: novembro 2020].

2 Cf. https://www.un.org/en/sections/issues-depth/migration/index.html [último acesso: novembro 2020].

elevado número de migrantes indocumentados ou em situação irregular, que se encontram num limbo legal, ficando numa situação de maior vulnerabilidade[3]. A crise dos refugiados é, sem dúvida, um dos episódios mais trágicos da nossa História recente e, desde 2015, tem sido reconhecida pela União Europeia como a maior crise humanitária desde a Segunda Guerra Mundial.

Estes movimentos e deslocamentos refletem-se também no cinema. Nas últimas décadas, as representações tanto de experiências migrantes e diaspóricas, quanto de encontros interculturais, têm adquirido uma posição relevante nas narrativas cinematográficas em diferentes contextos (Berghahn / Sternberg 2010, p. 2). Por sua vez, estes fenómenos têm despertado um interesse académico cada vez maior. Uma boa amostra são os vários livros que têm sido publicados a partir de diversas tradições académicas nos últimos anos e que se têm focado em marcos culturais e geográficos diferentes: em países como por exemplo Espanha, França ou Itália[4] ou em regiões como a Europa ou os países de língua espanhola e portuguesa[5].

Como sugerem Daniela Berghahn e Claudia Sternberg, o cinema centrado na migração coloca questões relativas à construção da identidade, desafia mitos nacionais e etnocêntricos e revisita narrativas históricas tradicionais (ibid.). No entanto, estas autoras optam por diferenciar entre o "migrant cinema", criado por realizadores imigrantes da primeira geração, e o "diasporic cinema", feito por realizadores da segunda ou terceira geração (cf. Berghahn / Sternberg 2010, p. 16). Yosefa Loshitzky, pelo contrário, não estabelece uma diferença entre "migrant" ou "diasporic" cinema; ela define o "migrant/diasporic cinema" como o realizado por sujeitos migrados/diaspóricos, distinguindo-o do cinema

---

3 Cf. https://www.unhcr.org/cy/wp-content/uploads/sites/41/2018/09/Terminology-Leaflet_EN_PICUM.pdf [último acesso: novembro 2020].

4 Por exemplo, *Los parias de la tierra: inmigrantes en el cine español* (Castiello 2005), *Reframing Difference: Beur and Banlieue Filmmaking in France* (Tarr 2005), *Muslim Women in French Cinema: Voices of Maghrebi Migrants in France* (Kealhofer-Kemp 2015), *Migrants in Contemporary Spanish Film* (Guillén Marín 2018) or *Migrant Anxieties. Italian Cinema in a Transnational Frame* (O'Healy 2019).

5 *European Cinema in Motion. Migrant and Diasporic Film in Contemporary Europe* (Berghahn / Sternberg 2010), *Screening Strangers: Migration and Diaspora in Contemporary European Cinema* (Loshitzky 2010), *Migration in Contemporary Hispanic Cinema* (Deveny 2012), *The Cinemas of Italian Migration: European and Transatlantic Narratives* (Schrader / Winkler 2013), *Migration in Lusophone Cinema* (Rêgo / Brasileiro 2014), *Immigration Cinema in the New Europe* (Ballesteros 2014), *The Other in Contemporary Migrant Cinema. Imagining a New Europe?* (Rings 2016) são exemplos destacados.

hegemónico "made by the symbolic representatives of the host/receiving societies" (Loshitzky 2010, p. 9). Por último, dentro do grupo dos assim chamados "accented filmmakers", Hamid Naficy abrange tanto realizadores exilados ("exilic filmmakers"), como realizadores diaspóricos ("diasporic filmmakers") e realizadores pós-coloniais ("postcolonial ethnic and identity filmmakers") (cf. Naficy 2001, pp. 10–17). Para este crítico, o cinema "acentuado/destacado" compreende todos os realizadores exilados ou diaspóricos que trabalham com narrativas de identidades e transgressões de fronteiras geográficas, nacionais, culturais, linguísticas e (meta-)cinematográficas:

> Accented cinema [is] the cinematographic work of exiled or diasporic directors, whose productions share formal traits and narratives, themes, questions of identity and modes of production [and which] cuts across previously defined geographic, national, cultural, cinematic and meta-cinematic boundaries.
>
> (Naficy 2003, p. 207)

Apesar destas classificações e denominações – "migrant cinema", "diasporic cinema", "accented cinema", etc. – não serem completamente equivalentes nem sequer sempre semelhantes, coincidem no facto de maioritariamente serem protagonizadas por personagens em movimento, em processo de migração, em busca de exílio, de terra, de espaço, de um novo lar (*Heimat*).

Tomando como ponto de referência as personagens, propomos chamar "cinema de migração" a todas aquelas narrativas fílmicas que põem em cena protagonistas migrantes, diaspóricos, exilados. O critério determinante é, pois, o protagonismo dos sujeitos migrantes/exilados/diaspóricos e as narrativas em torno das suas movimentações e andanças. Como parte do cinema de migração interessam assim todas as representações de migrantes e/ou exilados, tanto nas suas viagens, quanto nas diferentes estadias de passagem, assim como os seus encontros, experiências, processos administrativos e discursivos, os seus espaços, culturas e línguas novas e estrangeiras. Neste sentido, seguindo Isolina Ballesteros, entendemos o cinema de migração como uma categoria temática ampla que abrange uma variedade de filmes heterogéneos, que refletem as vidas e identidades dos sujeitos migrantes/exilados/diaspóricos, independentemente da origem dos cineastas, do seu estatuto ou do lugar de produção (Ballesteros 2014, p. 14).

Estamos muito conscientes de que propor um rótulo, neste caso cinema de migração, para nos referirmos a um corpus fílmico heterogéneo – em termos de produção, distribuição e receção – é sempre arriscado[6]. Na introdução do

---

6   De outro ângulo, Hamid Naficy fez referência a uma problemática semelhante (2001, p. 4).

seu livro intitulado *Immigration Cinema in the New Europe* (2014), Ballesteros expôs uma questão controversa, mas sem dúvida pertinente, quando se perguntava se "immigration cinema"[7] não era uma dessas categorias universais, usadas e impostas exclusivamente pelos académicos e críticos do chamado Primeiro Mundo (incluindo-se ela própria), para definir certas práticas fílmicas e as intenções dos autores, geralmente em oposição aos cinemas ocidentais (Ballesteros 2014, p. 17). Se tomarmos isto em conta, poder-se-ia realmente falar de um cinema de migração? Qualquer que seja a resposta, é inegável que a questão não é simples.

Mas deixando de lado este debate, sem dúvida, complexo, quais poderiam ser as particularidades e traços deste cinema? A fim de caraterizá-lo mais pormenorizadamente, vale a pena destacar que este reflete sempre fenómenos multidirecionais, multilaterais e transculturais. As migrações, muitas vezes, não mostram uma linha direta – de um país ao outro – e sim ganham uma dinâmica polifacetada. Trata-se, antes de mais, de uma tendência cinematográfica que representa protagonistas migratórios em busca de pertencimento. Já mencionámos antes que o protagonismo migratório se torna um fator decisivo para definir o cinema de migração. Porém, convém não esquecer certos padrões temáticos relativos ao fenómeno da migração, pois este cinema abrange os múltiplos aspetos da vida dos migrantes: além do protagonismo, visa os contextos alheios, os processos fronteiriços, as circunstâncias de viagem, os processos de integração e do dia-a-dia nos novos ambientes, incluindo aspetos tão variados como o multilinguismo e a discriminação.

Todos estes temas e todas estas narrativas como fatores coesivos são centrais para podermos falar de um cinema de migração. Concordamos assim com Thomas G. Deveny que, centrando-se nas narrativas fílmicas migratórias num contexto hispânico, ressalva:

> The combination of push and pull factors that lead to migration, the difficulties of the journey, or the border crossing, the difficulties of adjusting and integrating into the new country, the physical and emotional problems of immigrants, the manner in which the residents of the receiving country deal with immigrants, and the questions of identity for both the migrant and the society as a whole are evident in all the films.
>
> (Deveny 2012, p. 345)

---

7   Nós optámos pelo uso do termo português "cinema de migração" o qual, em inglês, iria corresponder ao termo neutro "migration cinema", em vez da denominação "immigrant cinema" usada por Ballesteros (2014). Com isto, referimo-nos a um cinema que representa personagens em migração.

Os filmes de migração apresentam, para Deveny, três componentes básicos: o contexto de pré-emigração, que motiva a decisão de deixar o próprio país; a viagem ou travessia; e a vida do migrante/exilado no país de acolhimento (Deveny 2012, ix). Segundo este autor, alguns filmes mostram os três segmentos da experiência migratória/do exílio, enquanto outros se centram em um ou dois. Mesmo assim, estes três componentes, seja implícita ou explicitamente, constituem o fio condutor dos filmes de migração, independentemente do país de origem ou de destino (ibid.). Para além do protagonismo de personagens migradas, exiladas ou diaspóricas e a presença da viagem como *leitmotiv* ou eixo narrativo central, este cinema partilha outras caraterísticas, por vezes menos visíveis: por um lado, o protagonismo de personagens aculturadas que lidam com conflitos de identidade e com sentimentos associados à liminaridade (*liminality*) e à não-pertença (nostalgia, medo, insegurança, etc.) e, por outro, o seu multilinguismo (Nacify 2001; Martínez-Carazo 2010).

Tendo em conta a íntima e complexa relação que os fenómenos migratórios e o exílio mantêm com o espaço e o movimento, importa observar qual é o vínculo destas narrativas com o espaço, a viagem, a passagem, a travessia de fronteiras e outros deslocamentos correlatos. Quais são, por exemplo, os significados específicos de determinados espaços, paisagens e lugares nestes filmes? Qual é o papel desempenhado pelas fronteiras e travessias? E mais ainda: de que maneira estas são encenadas? Como se constroem oposições ou desdobramentos espaciais (por exemplo, espaços de origem / espaços de chegada) através de representações fílmicas?

No livro *An Accented Cinema. Exilic and Diasporic Filmmaking* (2001), Naficy sublinhou que os espaços fronteiriços e a travessia de fronteiras não só se inscrevem em lugares de trânsito fixo, tais como aeroportos, portos, túneis, hotéis ou motéis e ainda em espaços móveis como veículos ou bagagens (Naficy 2001, p. 256). Neste contexto, os meios de transporte não só agem como enlaces reais entre distintos lugares geográficos e grupos sociais, mas também como metáforas da viagem, do lar (*Heimat*) e da identidade (ibid.). A mala, por sua vez, torna-se um símbolo contraditório e complexo da subjetividade migratória e exilada (Naficy 2001, p. 261)[8]. Metáfora do processo migratório, do exílio e do deslocamento, as bagagens são objetos materiais que servem de "arquivo de memória" – *memory container*, ao dizer de Schlör (2014) – e que contêm, às

---

8   Nas suas palavras, "The provisionality that the suitcase imposes, the improvisation it encourages, and the displacement it symbolizes may all become sources of new rootedness and identity" (Naficy 2001, p. 262).

vezes, outros objetos de memória com um grande valor emocional: fotografias, cartas, diários, etc.

Por outro lado, o deslocamento físico, que geralmente implica a separação e ausência dos entes queridos, provoca o desejo de criar pontes entre os dois mundos, favorecendo assim narrativas que incluem segmentos epistolares ou que visualizam modos de comunicação sincrónica como telefonemas ou video-conferências. Nos filmes de migração, tal como acontece no género do *road-movie*, as viagens não são apenas físicas e territoriais, como também internas e identitárias (cf. Naficy 2001; cf. Sartingen 2013). O deslocamento destes sujeitos ocorre ainda no plano psicológico, resultando, com frequência, numa iden-tidade híbrida, correlato a um espaço alternativo, ou um "third space" como já foi teorizado por Homi K. Bhabha (2004, p. 55). Em outras ocasiões, estes não conseguem encontrar o equilíbrio, como o ilustra a personagem de Alex (Fernanda Torres) em *Terra estrangeira* (Salles / Thomas 1995) que, num dos momentos mais memoráveis do filme, afirma: "Não consigo gostar daqui, mas sinto frio na espinha ao pensar em voltar para o Brasil".

Além da importância de certos padrões temáticos e narrativos e de ele-mentos formais e estéticos específicos no cinema de migração, não podemos esquecer as questões éticas. Enquanto focado em indivíduos concretos e nas suas estratégias de sobrevivência, pode dizer-se que o cinema de migração se estabelece como um modo alternativo de representação da migração ou do exí-lio, em comparação com o discurso hegemónico praticado especialmente no âmbito político ou periodístico. O facto de os realizadores darem voz – quer de forma mais direta (no documentário), quer mais mediada (na ficção) – a grupos sociais que geralmente são excluídos do discurso público, leva-nos a pensar no compromisso ético deste cinema que visa apelar à audiência, oferecendo um olhar contra-hegemónico, diferente daquele que normalmente nos é mostrado em outros meios de comunicação. No entanto, o sentido ético destes filmes não surge simplesmente da intenção dos realizadores, mas da situação coletiva con-traditória e confrangedora que todos nós estamos a enfrentar no mundo.

Os textos fílmicos analisados neste volume encenam movimentos e, assim, transgridem fronteiras (nem sempre nacionais, mas também religiosas, linguís-ticas, culturais, etc.), ultrapassam nacionalidades e passam por estados limia-res não definidos. A migração, o exílio, a diáspora, apesar das suas diferenças, fazem parte da mesma movimentação global. Igualmente, muitos destes filmes portugueses, brasileiros, moçambicanos, guineenses ou angolanos pertencem a um cinema transnacional, conceito que sublinha a hibridez da linguagem e da nacionalidade cinematográficas (cf. Ezra / Rowden 2006; Lefere / Lie 2016). Trata-se com frequência de um cinema produzido em parceria, que atravessa fronteiras e nem sempre se deixa categorizar simplesmente como brasileiro, português, moçambicano, angolano, cabo-verdiano ou guineense[9].

No quadro do paradigma transnacional, em que o nacional e o transnacional não constituem uma dicotomia, mas estabelecem entre si uma relação complexa e, até certo ponto, mutuamente constitutiva (cf. Lie 2016, p. 20), no cinema de migração o que chama continuamente a atenção é o facto destes filmes representarem sempre personagens sem conexão fixa, sem ligação, sem lar, sem existência material, sem identidade "formalizada", ou seja, sem passaporte oficial. Estes protagonistas formam o cenário dos filmes aqui reunidos como exemplos de um cinema de migração: trata-se, por assim dizer, de "filmes sem passaporte" num sentido literal, simbólico e ético, representando também personagens sem a necessária "trincheira". Ou, como sublinha Isolina Ballesteros:

> Immigration films are indeed "films without a passport": literally, as they transcend national boundaries, symbolically, as they mirror the status of the undocumented characters they portray, and ethically, as they aim to create a collective understanding of immigrants' ways of life and to expose and denounce the stereotyping of a naturally heterogeneous migration.
>
> (Ballesteros 2014, p. 13)

Os estudos aqui apresentados constituem uma tentativa de aproximação ao chamado cinema de migração, abordando diversos aspetos e perspetivas dentro das diferentes cinematografias em língua portuguesa. Depois desta introdução teórica sobre o conceito do cinema de migração, o volume abre com o capítulo de Kathrin Sartingen que oferece uma visão de conjunto, fornecendo e analisando diversos exemplos de Portugal, Brasil, Moçambique, Angola e Cabo Verde. Embora não se deixe sempre categorizar como português, brasileiro, moçambicano, angolano e cabo-verdiano, como acabámos de mencionar no contexto do cinema transnacional, a panorâmica de Sartingen mostra certas tendências dentro das filmografias nacionais, que diferenciam umas das outras no âmbito temático da migração, recorrendo aos diferentes contextos culturais e sócio-políticos dos respetivos países a partir de uma perspetiva pós-colonial. No final, a autora coloca a pergunta crucial sobre qual é o significado dos movimentos migratórios (exteriores e interiores, voluntários e/ou forçados) para as personagens representadas e a partir de que momento a migração deixa de ser migração: "Lisboetas ou não-lisboetas – eis a questão".

---

9 Para um estudo mais aprofundado desta questão relativamente ao cinema de Portugal, veja-se, por exemplo, Villarmea Álvarez (2016) ou Liz (2018).

Esther Gimeno Ugalde debruça-se sobre uma das caraterísticas mais destacadas (mas por vezes menos estudadas) do cinema de migração: o multilinguismo. No capítulo "Cinema de migração poliglota: *Lisboetas* e *Viagem a Portugal* de Sérgio Tréfaut*", Gimeno Ugalde centra-se em duas longa-metragens do conhecido cineasta luso-franco-brasileiro como exemplos de uma nova tendência que denomina "cinema de migração poliglota". A sua análise sustenta que, apesar de mostrarem "paisagens faladas" muito diferentes, os filmes em causa conseguem fomentar a "imaginação multilingue" no espetador.

Em "Práticas documentais e a Lisboa pós-colonial: *Juventude em marcha* de Pedro Costa", Robert Stock descreve as vidas precárias e desigualdades sociais que afetam os migrantes em Portugal focando-se no cinema de Pedro Costa. Partindo do caráter documentário dos filmes do realizador português, Stock testemunha a forte correlação entre os processos de migração e as situações de marginalização, discriminação e racismo. A sua análise propõe *Juventude em marcha* como exemplo emblemático de reflexão sobre o espaço urbano da capital portuguesa e as novas fronteiras entre bairros periféricos, sociais, centrais que emergem na Lisboa pós-colonial.

Iván Villarmea Álvarez retoma o cinema de Costa, na contribuição "Quartos reais e imaginários: os lugares de memória da comunidade luso-cabo-verdiana no cinema de Pedro Costa", para mostrar como passado e presente, vivos e mortos, casas portuguesas e cabo-verdianas, se fundem na vida dos migrantes. Os processos migratórios geram espaços e temporalidades imaginárias, oscilando entre realidades e virtualidades imaginadas. Conformam assim os chamados "espaços intermitentes" – ou *blinking spaces* – que representam simultaneamente o passado e o presente de um lugar, de forma que as personagens podem ver ou sentir o passado, as experiências vividas nesse lugar, sem abandonar o presente da filmagem. No percurso migratório eles perderam o pertencimento, a segurança, a realidade, enfim, o autoconhecimento.

O capítulo de Bernhard Chappuzeau, "Karim Aïnouz: a temática migratória no cinema brasileiro e o filme como meio migratório", trata da migração no filme brasileiro. Ao debruçar-se sobre o cinema de Karim Aïnouz, Chappuzeau visa analisar as diferentes passagens e travessias percorridas por protagonistas migrantes nas suas viagens fílmicas. Focando-se em *Praia do Futuro* (2013), o autor não só discute a migração como temática histórica e atual, mas também põe em relevo as caraterísticas próprias do meio cinematográfico no ato de cruzar fronteiras culturais, tanto ao nível da criação e da produção do filme, como da distribuição e receção internacionais. Assim, *Praia do Futuro* consolida o conceito de um cinema de migração num duplo sentido: como meio artístico e como mensagem significativa.

Por último, apresentamos o capítulo "As fronteiras que nos fazem: migrações para a Europa e espaços portugueses na cinematografia do século XXI" de Júlia Garraio sobre as migrações para a Europa e os espaços portugueses na cinematografia do século XXI. Garraio argumenta que o cinema sobre migrações tende a produzir representações da identidade portuguesa que remetem, tanto para a encenação dos emigrantes portugueses enquanto corpo alterizado na Europa, quanto para a encenação de Portugal como parte da Europa a partir do papel segregador da fronteira Schengen, como produtora de identidades. Desta maneira, demonstra convincentemente que não somos nós que fazemos as fronteiras, senão são "as fronteiras que nos fazem".

O cinema como imagem ou contra-imagem, como narrativa ou contra-narrativa da vida real não ficou obviamente indiferente às movimentações e ondas migratórias globais. Acompanhem as reflexões a respeito de alguns dos exemplos mais notáveis e impressionantes do cinema de migração em língua portuguesa. Boa leitura!

Bibliografia

Anzaldúa, Gloria: *Borderlands / La Frontera. The New Mestiza*. San Francisco: Aunt Lute Books 1987.

Ballesteros, Isolina: *Immigration Cinema in the New Europe*. Bristol: Intellect 2014.

Bauer, Matthias et al. (eds.): *Grenz-Übergänge: Zur ästhetischen Darstellung von Flucht und Exil in Literatur und Film*. Bielefeld: transcript 2019.

Berghahn, Daniela / Sternberg, Claudia (eds.): *European Cinema in Motion. Migrant and Diasporic Film in Contemporary Europe*. London: Palgrave Macmillan 2010.

Bhabha, Homi K.: *The Location of Culture*. Abingdon: Routledge 2004.

Castiello, Chema: *Los parias de la tierra: inmigrantes en el cine español*. Madrid: Talasa 2005.

Deveny, Thomas G.: *Migration in Contemporary Hispanic Cinema*. Lanham, MD: Scarecrow 2012.

Ezra, Elizabeth / Rowden, Terry (eds.): *Transnational Cinema. The Film Reader*. London / New York: Routledge 2006.

Guillén Marín, Clara: *Migrants in Contemporary Spanish Film*. New York: Routledge 2018.

Gutberlet, Marie-Hélène / Helff, Sissy (eds.): *Die Kunst der Migration. Aktuelle Positionen zum europäisch-afrikanischen Diskurs. Material-Gestaltung-Kritik*. Bielefeld: transcript 2011.

Kealhofer-Kemp, Leslie: *Muslim Women in French Cinema: Voices of Maghrebi Migrants in France*. Liverpool: LUP 2015.

Klinkert, Thomas (ed.): *Migration et identité*. Freiburg im Breisgau: Rombach 2014.

Lefere, Robin / Lie, Nadia (eds.): *Nuevas perspectivas sobre la transnacionalidad del cine hispánico*. Leiden / Boston: Brill / Rodopi 2016.

Lie, Nadia: "Lo transnacional en el cine hispánico: deslindes de un concepto". In: Lefere, Robin / Lie, Nadia (eds.): *Nuevas perspectivas sobre la transnacionalidad del cine hispánico*. Leiden / Boston: Brill / Rodopi 2016, pp. 15–35.

Liz, Mariana (ed.): *Portugal's Global Cinema: Industry, History and Culture*. London / New York: IB Tauris 2018.

Loshitzky, Yosefa: *Screening Strangers: Migration and Diaspora in Contemporary European Cinema*. Bloomington: Indiana UP 2010.

Mertz-Baumgartner, Birgit: *Ethik und Ästhetik der Migration. Algerische Autorinnen in Frankreich (1988–2003)*. Würzburg: Königshausen & Neumann 2004.

Naficy, Hamid: "Phobic Spaces and Liminal Panics: Independent Transnational Film Genre". In: Shohat, Ella / Stam, Robert (eds.): *Multiculturalism, Postcoloniality, and Transnational Media*. Piscataway, NJ: Rutgers UP 2003, pp. 203–226.

Naficy, Hamid: *An Accented Cinema. Exilic and Diasporic Filmmaking*. Princeton, NJ: Princeton UP 2001.

O'Healy, Áine: *Migrant Anxieties. Italian Cinema in a Transnational Frame*. Bloomington: Indiana UP 2019.

Oltmer, Jochen: *Globale Migration. Geschichte und Gegenwart*. München: Beck 2012.

Rêgo, Cacilda / Brasileiro, Marcus (eds.): *Migration in Lusophone Cinema*. New York: Palgrave Macmillan 2014.

Rings, Guido: *The Other in Contemporary Migrant Cinema. Imagining a New Europe?* New York: Routledge 2016.

Sartingen, Kathrin: "Roadmovies auf Brasilianisch: Zum 'filme de estrada' von Walter Salles". In: Hagen, Kirsten von / Thiele, Ansgar (eds.): *Transgression und Selbstreflexion: Roadmovies in der Romania*. Tübingen: Stauffenburg Verlag 2013, pp. 175–189.

Schlör, Joachim: "Means of Transport and Storage: Suitcases and other Containers for the Memory of Migration and Displacement". *Jewish Culture and History* 15(1–2) 2014, pp. 76–92.

Schrader, Sabine / Winkler, Daniel (eds.): *The Cinemas of Italian Migration: European and Transatlantic Narratives*. Cambridge: Cambridge Scholars 2013.

Tarr, Carrie: *Reframing Difference: Beur and Banlieue Filmmaking in France*. Manchester: Manchster UP 2005.

Villarmea Álvarez, Iván: "Mudar de perspetiva: a dimensão transnacional do cinema português contemporâneo". *Aniki* 3(1) 2016, pp. 101–120.

Filmografia

Walter Salles / Thomas, Daniela: *Terra estrangeira*. Brasil / Portugal 1995. (110 min.)

Kathrin Sartingen

Lisboetas ou não-lisboetas – eis a questão. Reflexões a respeito de um cinema de migração

Introdução

Em *Lisboetas*, filme português de Sérgio Tréfaut (2004), os dois imigrantes russos Oleg e a sua esposa se perguntam, por ocasião do nascimento do seu primeiro filho num hospital de Lisboa, qual o nome que darão ao filho, qual a língua que ele falará. Nome e língua: dois aspetos cruciais da identidade de um indivíduo. Nome e língua: em tempos de mobilidade mundial, mais do que nunca, são por assim dizer um "passaporte" para o pertencimento a um lugar e para a obtenção de status numa cidade ou num país.

Num momento em que os movimentos da migração constituem um fenômeno global, pertencimento e identidade se tornam processos primordiais. Não mais a afiliação a uma família ou a uma etnia, mas sim a integração, ou melhor: o pertencimento a um novo grupo, um novo espaço, um novo "lar" viram essenciais. E mais: é quase um "tornar-se um outro". Partindo do pressuposto de que os movimentos migratórios são imensamente diversificados e as causas desencadeadoras que levam à migração são extremamente diferentes (Lussi 2016; Hirano / Tucci 2017), a pergunta que se coloca aqui é: como a cinematografia em língua portuguesa, ou seja, como filmes portugueses, brasileiros e luso-africanos representam e negociam a questão da busca de uma nova vida, de pertencimento e de identidade nos diferentes contextos de migração e de movimento?

A partir de *Lisboetas*, este capítulo tenciona examinar a encenação cinematográfica dos processos migratórios num sentido amplo, isto é, dentro do campo do cinema em língua portuguesa em geral, pretendendo estabelecer nexos e inter-relações do filme português com outros filmes portugueses, assim como com filmes brasileiros, moçambicanos e angolanos. Para tal fim, analisam-se vários filmes emblemáticos (com destaque em duas longas-metragens africanas: *Terra sonâmbula* 2007 e *Na cidade vazia* 2004) para verificar como a problemática das migrações aparece nestes filmes lusófonos e como se pode classificar, teoricamente, as diversas estéticas migratórias neles inscritas[1].

---

1   É importante salientar o facto de que muitos dos filmes aqui apresentados e/ou discutidos são co-produções. No "cinema de migração", trata-se, muitas vezes, de um

No foco do interesse para a análise dos filmes estão questões em torno dos **personagens migrantes**, assim como apresentadas no ensaio teórico que abre este volume. Quem exatamente são esses personagens migrantes nos diferentes contextos culturais? Para onde vão? Que motivações os movem? Quais os espaços percorridos por eles, suas viagens interiores e exteriores? E qual a bagagem que levam consigo, concreta e metaforicamente? Afinal, que percursos identitários são por eles trilhados?

Portugal

Ao longo dos séculos, Portugal tem desempenhado um papel de relevo como espaço de referência para os deslocamentos que ocorrem entre Europa, América Latina e a África Lusófona (cf. Garraio 2009; Overhoff Ferreira 2012; Gomes 2020). Motivados por razões políticas e econômicas, os fluxos que, no passado, eram quase exclusivamente para a América Latina e a África, converteram-se na década de 1990 em grandes fluxos na direção contrária, ou seja, da América Latina e da África em direção a Portugal e Espanha e, a partir daí, em direção a outros países europeus[2]. Como ocorreu nas cinematografias de diversos países ao redor do mundo, o cinema dos países de língua portuguesa não ficou indiferente ao fenômeno dos deslocamentos globais, como o demonstram os variados filmes estudados neste volume.

Constata-se, porém, que em Portugal a encenação de personagens imigrantes foi novidade até pelo menos à década de 1990 (cf. Overhoff Ferreira 2012). Desde aquele momento, isto é, desde os anos 90, começou a aparecer um número significativo de filmes portugueses com foco nas experiências do

---

cinema multinacional, com frequência produzido em parceria, que atravessa fronteiras e que não se deixa sempre categorizar como sendo "brasileiro", "português", "africano". Mesmo assim, os filmes aqui apresentados serão classificados por países nacionais, para mostrar que certas tendências dentro das filmografias "nacionais" diferenciam umas das outras no âmbito temático da migração, remontando aos diferentes contextos culturais e sócio-políticos dos respetivos países. Critérios principiais sempre são a nacionalidade dos protagonistas e/ou o cenário local onde se passam os acontecimentos. Por outro lado, estamos cientes de que cada classificação tem os seus defeitos e exceções: p.e., quando se parte da direção do movimento encenado (*Transe*, Villaverde 2006), ou da nacionalidade dos protagonistas migrantes (*A gaiola dourada*, Canijo 2013).

2   Cf. Weblog A escola da Noite (2010): "Os estrangeiros aqui somos nós", em https://weblog.aescoladanoite.pt/%E2%80%9Cos-estrangeiros-aqui-somos-nos%E2%80%9D/ [último acesso: 27/08/2020].

dia-a-dia de personagens imigrantes, diaspórios, sobretudo africanos (ibid.). O documentário *Outros bairros* (Pimentel / Gonçalves / Liberdade 1999), além do cinema de Pedro Costa, sobretudo a sua *Trilogia de Fontaínhas* (formada pelas longas *Ossos* 1997, *No quarto da Vanda* 2000, e pelo documentário *Juventude em marcha* 2006), são talvez alguns dos exemplos mais notáveis desse interesse (cf. Barradas 2014). Recusando os métodos de produção industrial, a trilogia de Costa destaca-se por ser um retrato emblemático da marginalidade na qual vive a comunidade cabo-verdiana na capital portuguesa, ao mesmo tempo em que mostra como o médio fílmico consegue capturar a transformação espacial e social de um bairro (a demolição do Bairro de Fontaínhas e a subsequente realocação dos seus moradores) como consequência de seus novos inquilinos imigrados. No seu mais novo filme *Vitalina Varela* (2019), o realizador retoma o tema de uma cabo-verdiana "encalhada" em Lisboa (Gomes 2020), consolidando, assim, a tendência da década anterior e levando, até hoje, a um surgimento cada vez mais numeroso de filmes com protagonistas migrantes[3].

A partir do conjunto maior desses filmes, verifica-se uma clara correlação entre a representação da migração e três diferentes momentos históricos (das migrações de habitantes de países de língua portuguesa):

(1) Os fluxos migratórios dos anos 50, 60 e 70 de Portugal para outros países europeus (*Ganhar a vida*, Canijo 2001; *A fotografia rasgada*, Vieira 2002; *O país aonde nunca se regressa*, Vieira 2005; *A gaiola dourada*, Alves 2013; *Menina*, Pinheiro 2017);
(2) A imigração dos anos 90 e dos inícios do novo milênio para Portugal (*Lisboetas*, Tréfaut 2004; *Transe*, Villaverde 2006; *América*, Pinto 2010; *Viagem a Portugal*, Tréfaut 2011; *De armas e bagagens*, Delgado Martins 2014);
(3) A atual emigração europeia e transatlântica motivada pelo clima de agitação e crise globais (*Eldorado*, Besseling / Transon / Abreu 2016; *A cidade onde envelheço*[4], Rocha 2016).

Para obtermos uma melhor visão de conjunto, apresentamos o seguinte quadro que resume os momentos históricos e suas respetivas narrativas fílmicas:

---

3   Pensamos sobre tudo no cinema de Teresa Villaverde (cf. Garraio 2009).
4   Sendo uma co-produção luso-brasileira, vai ser mencionado também no apartado sobre o Brasil.

Momentos históricos	Textos fílmicos
Anos 50 / 60 / 70 = emigração de Portugal: Os fluxos migratórios dos anos 50, 60 e 70 de Portugal para outros países europeus	*Ganhar a vida* (2001); *A fotografia rasgada* (2002); *O país aonde nunca se regressa* (2005); *A gaiola dourada* (2013); *Menina* (2017)
Anos 90 e inícios do novo milénio (pré-crise) = imigração para Portugal: A imigração dos anos 90 e dos inícios do novo milénio para Portugal	*Lisboetas* (2004); *Transe* (2006); *América* (2010); *Viagem a Portugal* (2011); *De armas e bagagens* (2013)
Atualidade (após a crise) = emigração de Portugal: A atual emigração europeia e transatlântica motivada pelo clima de agitação e crise globais	*Eldorado* (2016); *A cidade onde envelheço* (2016)

Aqui constata-se, antes de mais nada, uma forte tendência a narrativas sobre **personagens migrantes**, na sua procura de melhorar de vida (*Transe, Viagem a Portugal*), achar trabalho melhor pago (*Estive em Lisboa, Lisboetas*) ou uma cidade mais digna para viver (*Juventude, A cidade onde envelheço*)[5]. Sempre se trata ou de personagens que emigram ou que imigram de ou para Portugal, como podemos deduzir pelos títulos dos filmes; são raros os filmes que focalizam movimentos migratórios internos, dentro do próprio país.

Nesse sentido, o documentário político *Lisboetas* (2004), de Sérgio Tréfaut, é extremamente paradigmático para uma reflexão sobre o "cinema de migração", partindo de todo um leque de variadas experiências migratórias. Neste filme, encontramos ucranianos, russos, húngaros, poloneses, gregos, brasileiros, africanos que acabaram de migrar a Portugal em busca de melhorar de vida. No seu protagonismo múltiplo e na sua diversidade de figuras multinacionais, o filme nos apresenta todo um mosaico das novas realidades dos imigrantes que subitamente se encontram na Grande Lisboa: nova língua, novos hábitos

---

5   Uma exceção seria o documentário *Der ungehorsame Konsul – Exil in Portugal* (Jürgens 2015) que trata da vida de Aristides de Sousa Mendes, conhecido também como "o cônsul desobediente", o qual ajudou inúmeros judeus na sua fuga da Áustria nazista para a América – um exemplo claro de um cinema de exílio.

culinários, outros modos de vida, um mercado de trabalho com caraterísticas muito diversas das dos países de origem, outros direitos e cultos religiosos, novas identidades a (re-)construir. O que inicialmente fora uma viagem a uma cidade desconhecida, torna-se, pouco a pouco, uma viagem a um lugar, mais preciso um lar (*Heimat*), com novos contatos, novas vidas, novas amizades.

Porém, será que Lisboa irá se tornar de facto esse novo lugar, esse novo lar para os imigrantes? Pertencerão algum dia esses "estrangeiros" a esse novo mundo e irão eles jamais se tornar "lisboetas"? *Lisboetas* não é um filme panfletário ou dogmático; ao contrário, a partir de diferentes perspetivas muito individuais e diversificadas, o documentário coloca a grande questão: quem é, afinal, o "estrangeiro", quem o "lisboeta"? "Os estrangeiros aqui somos nós", é o título dado pelo jornal *Público*[6] ao artigo da jornalista portuguesa Kathleen Gomes. Quando, no final do filme, é mostrado o nascimento de uma criança filha de imigrantes pergunta-se, então, se o bebê destes imigrantes russos continuará estrangeiro ou irá se tornar lisboeta? Aprenderá português, ao contrário de seus pais? Receberá um nome português?

Ao ser um retrato de uma comunidade de um ponto de vista interno, *Lisboetas* discute tanto questões muito individuais como também muito genéricas sobre a problemática migratória. Com isso, corrobora-se uma tendência essencial dos filmes portugueses: as narrativas fílmicas expõem em linguagem cinematográfica os inúmeros e diversos movimentos migratórios, e, através de recursos tipicamente cinematográficos, representam as instabilidades geográficas, políticas, mas sobretudo identitárias, culturais e linguísticas de personagens em permanente estado de passagem, liminar. No fundo, apresentam-se **não-pessoas**, isto é, indivíduos sem documento, sem passaporte, sem lugar social, sem língua, sem direito a ter uma personalidade e/ou uma identidade[7]; uma condição que os converte em figuras-chave, paradigmáticas de um "cinema de migração".

Brasil

Já na cinematografia brasileira, a situação é bastante diferente. Cacilda Rêgo e Marcos Brasileiro (2014) atribuem ao fato de o Brasil ter sido tradicionalmente um país de imigração a relativamente escassa produção cinematográfica

---

6   Citado segundo Viralagenda (2015): "*Lisboetas*, de Sérgio Tréfaut", em https://www.viralagenda.com/pt/events/158207/lisboetas-de-sergio-trefaut/ [último acesso: 27/08/2020].

7   Outros filmes paradigmáticos seriam *Juventude em marcha* (2006), *Transe* (2006), *América* (2010) e *Viagem a Portugal* (2011).

nacional com foco no tema da emigração, em comparação com Portugal que, pelo contrário, conta com uma longa tradição emigratória e bom número de filmes a respeito (cf. também Bamba 2008). São, por conseguinte, poucos os filmes brasileiros que apresentam situações de emigrantes brasileiros: as co-produções luso-brasileiras *Estive em Lisboa e lembrei de você* (Barahona 2015) e *Terra estrangeira* (Salles 1995)[8] são dois exemplos[9] enquanto filmes que tema-tizam a emigração de brasileiros para Portugal. Segundo Rafael Tassi Teixeira, *Terra estrangeira* consegue associar o conceito da partida do Brasil com ques-tões de identidade em negociação com o outro, ou seja, em interação com o estrangeiro:

> A [sic] *Terra Estrangeira* é um dos filmes mais centrais na construção do elemento primordial da partida, pois a identidade é sentida como fluxo de negociações que se permite no processo de busca de uma imagem mais consertada com a percepção da interação.
>
> (Tassi Teixeira 2016, p. 87)

Segundo Rêgo e Brasileiro (2014), o cinema brasileiro tende antes a centrar-se quer nos imigrantes de diferentes partes do mundo que chegaram ao Bra-sil, quer no fenômeno das migrações internas, sobretudo do Nordeste para o Sul do país. Uma série de filmes brasileiros, já desde os anos 60 (cf. Johnson / Stam 1995; Schulze 2015), parece sonhar, mesmo delirar em torno dos movi-mentos internos, da peregrinação constante e permanente dentro do próprio país (*Vidas secas* 1963), como última *ratio* da sobrevivência, da salvação, da

---

8   O enredo do filme situa-se em 13 de março de 1990, dois dias antes da entrada no governo de Fernando Collor de Mello, o primeiro governo civil brasileiro eleito por voto direto desde o golpe militar de 1964. As políticas de Collor de Mello, conhecidas como o Plano Collor, dirigidas para modernizar a economia brasileira seguindo os padrões neoliberais do capitalismo global, provocaram um enorme fluxo de emigran-tes brasileiros (entre 400.000 e um milhão) (cf. Overhoff Ferreira 2012, p. 206). Para Overhoff Ferreira, "[...] the film chooses the very moment that makes the changes from neo-colonialism to globalization visible" (2012, p. 217).

9   *Terra estrangeira* foi a primeira coprodução após o convênio estabelecido entre Portu-gal e Brasil: "Orphaned by the extinction of Embrafilm, the film [*Terra estrangeira*] is a Luso-Brazilian co-production by *VideoFilmes* (Brazil) and *Animatógrafo* (Portugal) that demonstrates the potential of dealing with the contradictory legacy of colonia-lism [...]" (Overhoff Ferreira 2012, p. 217). Segundo Overhoff-Ferreira, "[M]ore than any other film, it discusses critically the linguistic and cultural ties between Portugal and Brazil, and each character serves the purpose of challenges either lusophony or luso-tropicalism" (2012, p. 235). Outra parceria luso-brasileira seria *Um tiro no escuro* (Vieira 2005).

possibilidade de ter uma vida melhor. Basta recordarmos os filmes de Glauber Rocha (*Deus e o Diabo na terra do sol* 1963; *Terra em transe* 1967), onde se vêm figuras que caminham sem cessar e que parecem em transe, quase sonâmbulas, na miséria da terra vermelha e árida. Estão sempre, porém, andando como se tivessem um destino na mente, um destino inventado, idealizado, imaginado que lhes fornecesse a determinação de continuar se movimentando, como que migrando de um lugar a outro. São de facto os migrantes internos que aparecem também em grande número dentro da cinematografia brasileira dos últimos vinte anos: geralmente provenientes das regiões mais pobres do país. Vindo sobretudo do sertão nordestino para os centros urbanos do sul do país, eles são os principais protagonistas dos "filmes migrantes" do novo milênio, ou dos poucos anos anteriores (citemos em especial, *Central do Brasil*, Salles 1998; *O caminho das nuvens*, Aïnouz 2006; *O céu de Suely*, Aïnouz 2006; *Que horas ela volta*, Muylaert 2015). Além de filmes sobre as migrações internas, alguns filmes brasileiros tratam do fenômeno da imigração atual de estrangeiros para o Brasil. Um caso exemplar é o da coprodução luso-brasileira *A cidade onde envelheço* de Marília Rocha (2016), um filme de ficção com caráter quase-documental que narra a experiência migratória de duas jovens portuguesas para o Brasil, retratando assim o fenómeno migratório inverso (ou seja, de Portugal para o Brasil) surgido coma última grande crise econômica europeia[10].

Além dos filmes sobre trânsitos migratórios existem produções brasileiras que focalizam explicitamente **experiências de exílio (forçado)**, e as diversas tentativas de buscar um novo lar, um novo espaço de aconchego, pertencimento, enfim, de buscar construir uma nova identidade dos respetivos protagonistas. São filmes como *Passaporte húngaro* (Kogut 2003) ou *O ano em que os meus pais saíram de férias* (Hamburger 2006), títulos que ancoram a ação narrativa num cinema declaradamente de **emigração ocorrida em consequência de eventos traumáticos, tais como guerras, ditadura ou perseguição**. Portanto, seriam filmes que apresentariam situações de personagens que estão se movimentando devido a uma **situação de exílio forçado**, e não tanto devido

---

10 A crise financeira de 2008 afetou gravemente os países europeus, e em particular os do Sul da Europa, provocando um novo fluxo migratório de uma geração que, naquela altura, Dominique Strauss-Kahn, antigo diretor do Fundo Monetário Internacional, vaticinou como potencial geração perdida ("lost generation"). Cf. https://blogs.imf.org/2010/09/14/saving-the-lost-generation/ [último acesso: 09/09/2020]; cf. também https://www.sueddeutsche.de/geld/krise-in-europa-die-verlorene-generation-1.1026151 [último acesso: 09/09/2020].

a uma escolha pessoal, ou seja, narrativas fílmicas centradas em **migrações voluntárias e/ou necessárias.**

Essa amostra, ainda que reduzida, de filmes brasileiros mostra uma certa tendência da cinematografia brasileira: muitas vezes se trata de encenações de **movimento e de migração**; muitos filmes, desde as produções de Glauber Rocha e Nelson Pereira dos Santos até Walter Salles ou Karim Ainouz, representam o movimento de personagens em busca de algo. São encenações de momentos migratórios que a cinematografia brasileira incorporou no seu arquivo cultural, sejam elas de imigração, de emigração (muito poucas) ou de migração interna. Esta tendência de representar figuras em busca de nova vida ou novo sentido de vida os iguala aos filmes portugueses, com a diferença de que estes últimos não parecem ter necessidade de mostrar cenas de **migração interna** e sim predominantemente de **emigração** e **imigração** enquanto que o cinema brasileiro apresenta todas as tendências (com foco preponderante na **migração interna e na imigração**).

Países luso-africanos

A situação da cinematografia de países africanos de língua portuguesa assemelha-se à da portuguesa, exceto por algumas diferenças fundamentais: O trauma das guerras de independência.

Angola, Moçambique, Cabo Verde e Guiné Bissau passaram pelo trauma de guerras de independência do colonialismo português muito duras e, logo a seguir, de longas guerras civis cruéis que causaram uma desintegração política, social e humana sem precedentes e que levaram a uma completa cisão da sociedade. As narrativas fílmicas reagiram a essa difícil realidade com a tematização de temáticas ligadas às guerras, girando em torno de combates, perseguição, tortura, morte. Via de regra, os personagens são, por um lado, militares, soldados ou combatentes dos diferentes partidos e/ou fugitivos, por outro. O gênero cinematográfico privilegiado pelos diretores é o documentário, que dá voz a indivíduos que representam seu próprio drama como atores amadores, mas de modo extremamente autêntico em seu percurso em direção ao exílio.

Portanto, como desdobramento das nefastas consequências das guerras, **processos de exílio forçado** predominam nesses textos fílmicos, correspondendo, pois, ao critério da **perseguição**, isto é, personagens que são obrigados a deixar o lugar, a aldeia, o país; e isto não por vontade própria, mas sim por força maior, neste caso, por causa da guerra. Esse é o caso de *Dissidence* (Gamboa 1998), um documentário angolano que fala dos que partiram para o exílio durante a guerra civil em Angola, uma guerra muito longa e cruel que levou pessoas de ambos os lados do conflito a buscar uma nova vida no exílio. Também o documentário *Acampamento de desminagem* (Azevedo 2005) põe em cena personagens de combatentes em campos opostos na guerra, desta vez em Moçambique. Passam longos períodos longe da família, vivendo juntos em tendas e arriscando todos os dias a vida para, um dia, regressar desse exílio forçado à casa. No entanto, as sucessivas guerras não geraram somente filmes com **personagens exilados**, mas também deram origem à **temática migratória**. Exemplos de migração encontram-se com frequência na paisagem cinematográfica luso-africana, sendo que o os filmes de migração interna superam em número os filmes que tematizam situações ou personagens relacionados à emigração. Um dos exemplos paradigmáticos desse último, ou seja, do cinema de **emigração** é *Nha fala* do diretor guineense Flora Gomes (2002). Trata-se de uma comédia musical protagonizada por uma jovem cabo-verdiana que viola um interdito cultural ao emigrar para a França e se tornar cantora. A transgressão é simbólica: a emigração da jovem torna-se um ato redentor que a liberta não somente do peso das próprias tradições africanas, mas também da opressão do colonialismo. Aquilo por que ela não esperava, porém, é o caráter racista da sociedade francesa, representado pela pessoa de um velho que "não gosta de pretos" (00:44:10). Em vez de encontrar uma Europa aberta, diversificada e liberal, a mulher cabo-verdiana vê-se confrontada com reações nacionalistas e racistas, o que para ela constitui uma experiência chocante.

À parte dos raros filmes como o de Flora Gomes, a grande maioria dos filmes luso-africanos focaliza seus argumentos exclusivamente em situações de **migração interna, a migração dentro do próprio país**, que é uma migração quase circular, sem destino, sem fim, com figuras em constantes situações liminares, passagens fugitivas que raramente se tornam permanentes. Nessa focalização exclusiva sobre as migrações internas está o traço fundamental que distingue os filmes moçambicanos, angolanos e cabo-verdianos dos filmes brasileiros e portugueses. São personagens que não possuem chance alguma de obter qualquer pertencimento, cuja busca de uma casa ou de um novo lar resulta apenas em resignação, embrutecimento, criminalidade ou até na morte.

Se, como afirmamos em nosso ensaio introdutório, diferentes tipos de migração devem ser entendidos como deslocamentos espaciais (mais ou menos) voluntários e/ou necessários com o objetivo consciente de obter uma melhora nas condições de vida, ao passo que cenários de guerra e de perseguição deveriam ser entendidos como motivos eminentes para uma partida para o exílio, constatamos uma interessante inversão dessa lógica entre causas e consequências nas produções luso-africanas: nelas, a guerra não leva necessariamente a um exílio (forçado) para fora do próprio país mas, ao contrário, leva a uma migração "voluntária" e/ou necessária, uma **migração interna** dentro dos próprios países. Nos filmes de diretores luso-africanos, é justamente a guerra a motivação catalisadora para as **migrações internas,** as quais passam a ser definitivamente **deslocamentos não-voluntários,** isto é, **movimentos migratórios involuntários.** É que a guerra desencadeia uma migração que não é uma migração de facto: Em vez de uma migração voluntária dentro do próprio país, trata-se, nas produções luso-africanas estudadas, antes de mais nada de uma **migração interna forçada.** Por ter sofrido de guerras civis ainda muito recentes e que apagaram toda a identidade cultural coletiva, é que talvez tenha se tornado necessário usar o recurso do cinema como que para tentar encontrar uma nova auto-compreensão cultural, permanecendo no seio da própria cultura e deixar os personagens se deslocarem pelas ruas de seus próprios países.

Uma guerra todo-poderosa e onipresente penetrou os filmes luso-africanos, exibindo ao nosso olhar de espetadores personagens traumatizados que se locomovem como em transe. Transitam pelo próprio país sem destino nenhum, avançando sem vislumbrar um futuro e sem saber o que fazer no próximo momento. Parecem paralisados dentro do movimento, em vez de saídas se lhes apresenta o desespero (*Po di sangui*, Gomes 1996; *Na cidade vazia*, Ganga 2004; *Terra sonâmbula*, Prata 2007), em vez de movimentos de migração vêem-se confrontados com estagnação (*Hóspedes da noite*, Azevedo 2007; *República di mininus*, Gomes 2012), em vez de embarcar numa viagem mostram-se desesperançados (*O comboio de sal e açúcar*, Azevedo 2016). Todos os personagens parecem estar esperando eternamente pela passagem de um trem; um trem que não leva a lugar algum, como uma espera que apenas traz letargia e marasmo à vida. O trauma profundo da guerra não consegue mobilizá-los; os filmes luso-africanos, muitas vezes, parecem pôr em cena uma **migração sem migrantes.**

Ainda mais agudizada se mostra a situação em filmes que são protagonizados por crianças. Protagonistas infantis, sendo normalmente portadores de esperança, futuro e recomeço, revestem-se, nos filmes moçambicanos, angolanos e guineenses, antes de mais nada, de portadores de desespero e vazio (*Na cidade vazia*, Ganga 2004), personagens em meio a uma terra destruída e em delírio (*Terra sonâmbula*, Prata 2007) ou em situações de destruição e desmoronamento completo (*Po di sangui*, Gomes 1996; *A República di mininus*, Gomes 2012). Tais personagens não possuem mais família, lar ou casa; a sua busca de pertencimento, de apropriação e de identidade não tem consequências, ao menos não dentro da narrativa fílmica. O facto de os protagonistas dos filmes serem crianças muito pequenas, torna-os especialmente impactantes e comovedores. São justamente essas vozes infantis que dotam os filmes de um tom paradoxalmente afeito à decadência, ao declínio e à queda total, como tentarei mostrar a exemplo de *Terra sonâmbula* e *Na cidade vazia*.

Terra sonâmbula e *Na cidade vazia*

Em *Terra sonâmbula* vêem-se duas pessoas que caminham sem parar, parecendo quase sonâmbulas, andando em círculos na miséria de um país destruído pela guerra e pela violência, e com um único destino: o mar onde se encontra o grande navio com a mãe do pequeno Muidinga. Tanto vagueiam o pequeno órfão Muidinga e seu companheiro velho Tuahir pela savana moçambicana, vermelha e árida que o sonho quase surreal do mar se realiza e o inacreditável acontece: A água começa a jorrar debaixo do "machimbondo" ("ônibus") queimado e roubado transformando-se numa corrente grande e forte levando os dois junto, em direção ao mar e à mãe (cf. Sartingen 2018). Como tudo o que brota da água adquire um simbolismo mítico (Capeloa Gil 2007), inicia-se uma ação igualmente mítica ligada à busca de identidade dos protagonistas: O machimbombo parte em direção ao mar, onde esperam encontrar a mãe de Muidinga. Se as temáticas predominantes na filmografia pós-colonial são a vida e a sobrevivência dos protagonistas, em especial do protagonista infantil, depois do grande fracasso, ou seja, do grande "naufrágio" da guerra civil moçambicana, e do trauma da perda de toda a família, começam agora os deslocamentos de Muidinga e Tuahir pelo país que, afinal, corresponderão também à procura de si próprios e da construção de uma nova identidade (cf. Sartingen 2019).

No filme, a água aparece apenas em sonho, existindo exclusivamente na fantasia delirante do menino. Na narrativa dos factos reais, o velho Tuahir morre, e Muidinga se perde por completo em seu mundo imaginário até encontrar-se, no meio do mar, diante de um velho navio abandonado que leva o nome simbólico de uma narrativa paradigmática de todos os naufrágios no Ocidente europeu: *Moby Dick*. O trauma das guerras coloniais fora demasiado grave e profundo, não dando aos protagonistas nenhuma chance de tirarem proveito de sua viagem pessoal, de empreenderem um caminho próprio e "empoderarem-se" como sujeitos. A peregrinação/a migração que serviu como subtexto a esse filme moçambicano para possivelmente desencadear uma busca identitária de lar, pertencimento e sobrevivência, não tem qualquer consequência (ibid.), redundando na morte ou na desistência.

Enquanto, em *Terra sonâmbula*, assistimos ao desenrolar de uma esperança sem futuro na pessoa de um menino que está em busca de sua mãe, no filme *Na cidade vazia*, outro filme com protagonista infantil que empreende uma busca muito semelhante à de Muidinga, embora dessa vez na perigosa metrópole de Luanda no contexto da pós-guerra recente. Trata-se, neste filme angolano, da procura de N'Dala, um órfão também de 12 anos, de sua aldeia Bié, deixada para atrás, e de sua família assassinada. Em busca do lugar sonhado e idealizado, o menino atravessa a pé a cidade, empurrando diante de si o carrinho de lata que roda e range incessantemente. O órfão parte em busca do sonho de acolhimento na casa de uma família, de ter um lar, amigos, tudo isto projetado ao mar como símbolo de esperança e melhora[11].

Após o périplo através do país, a chegada à beira do mar representa simbolicamente a chegada a um lugar onde viver é possível, onde aconchego e pertencimento se descortinam no horizonte. Antes de chegarem ao lugar marítimo, os protagonistas atravessam muitas etapas, de maneira que afinal o conjunto da viagem realizada, nos dois textos fílmicos africanos aqui comentados, converte-se na representação da passagem de uma existência instável, de uma não-existência e de uma não-identidade para a estabilidade, a existência, a identidade. Entretanto, no filme, não vemos os protagonistas alcançarem esse estágio final (cf. Sartingen 2018). Também em *Na cidade vazia* predominam, metaforicamente, os "becos sem saída", encontros tristes, momentos de grande amargura e miséria. Como em *Terra sonâmbula*, a viagem aqui torna-se reflexo do declínio, de um naufrágio existencial, sem possibilidade de um novo começo. Isso se mostra através da imagem do caminhar incessante, das andanças intermináveis dos meninos, acentuadas pela lentidão circular e insuportável das caminhadas sem fim que simbolizam um permanente estado liminar (cf. Sartingen 2019). Nos seus atravessamentos pelas terras pós-coloniais de países que vivem ainda as consequências funestas da empresa colonial, as crianças não logram levar as suas viagens involuntárias a um fim. Ainda que seus movimentos desencadeiem um certo desenvolvimento e levem a um fim simbólico, a sua busca de vida e de identidade não atinge o alvo almejado, como se o processamento do passado e a busca de um lar nos filmes africanos tivessem que ser sempre representados como uma busca identitária circular, sem solução; semelhante aos veículos dos dois meninos, N'Dala e Muidinga, cujos carrinhos de metal continuam rodando eternamente, em circular incessante: o trauma da guerra é demasiado profundo e destrutor.

A imagem da eterna caminhada entretecida nas narrações como um fio condutor carrega a carga simbólica do fracasso inevitável: um fracasso tanto

---

11 Com respeito ao mar como símbolo de esperança e melhora no cinema angolano, veja-se Sartingen (2019).

pessoal quanto coletivo, isto é, um fracasso, no fundo, de toda a história colonial. Mesmo que as viagens e as suas diversas transgressões e etapas liminares demonstrem algumas das tentativas de achar um rumo próprio ou uma saída para os traumas vividos, trata-se de um processo que, assim como representado pela linguagem fílmica escolhida por cada um dos diretores, está destinado a fracassar. A representação fílmica da migração forçada por motivos de guerra não leva a um *happy end*. No entanto, o cinema luso-africano, no seu processo de narrar a permanente busca – via de regra de si próprio e do próprio passado – por parte dos protagonistas, serve como arquivo do patrimônio cultural africano, evidenciado por um incessante trabalho da história para resgatar os próprios caminhos nacionais.

Conclusões

Como vimos, de acordo com o tipo de motivação dos deslocamentos realizados pelos personagens dos filmes portugueses, brasileiros e luso-africanos (sejam eles **emigrantes, imigrantes, migrantes internas ou exilados**), temos um padrão migratório diverso, assim como inicialmente discutido neste volume. À base nesses diferentes padrões ou figuras migratórias foi possível identificar alguns paradigmas para definir o gênero do "cinema de migração" típico da cinematografia dos países de língua portuguesa:

1. Podemos constatar uma fina, mas muito significativa, correlação entre a estética cinematográfica (e os processos migratórios neles encenados) e o contexto cultural, político, geográfico dos diferentes filmes (portugueses, brasileiros, luso-africanos).
2. Em correlação com as cinematografias nacionais, verificamos, pois, três representações diferentes de deslocamentos:

   • Portugal – Com respeito a Portugal, quase sempre se trata ou de figuras cmigrantes ou de imigrantes. Como podemos deduzir do pequeno quadro, raramente se vê encenações de movimentos migratórios dentro do próprio país ou até de exílio.
   • Brasil – Enquanto que em Portugal predomina a encenação de emigração e imigração (por parte certamente devido a motivos econômicos), acompanhamos nas produções brasileiras uma mistura entre representações de exílio, de emigração e de migração interna.

• Luso-África – Em Angola, Moçambique e Cabo Verde, ao contrário, existe quase exclusivamente a documentação de deslocamentos migratórios internos.

Os protagonistas dos filmes africanos procuram unicamente sobreviver; não buscam uma vida melhor, apenas uma simples "sobrevida". Eles não pretendem participar do novo ambiente social, integrar-se, tornar-se membros de uma nova comunidade (tornar-se "lisboetas"), mas unicamente sobreviver. A diferença evidentemente reside nos traumas das guerras ainda muito recentes e nos desfavoráveis contextos pós-coloniais os quais dão margem à criação de personagens que procuram mais livrar-se dos traumas ocasionados por agentes externos e com isso definir-se a si mesmos e empoderar-se, em vez de integrar-se novamente em contextos estrangeiros e guiados por influências externas.

Um aspeto muito importante neste contexto consiste nos géneros cinematográficos: Enquanto que em Portugal e no Brasil encontramos, antes de mais nada, filmes de longa-metragem, produzidos e mostrados em salas de cinema, nas filmografias luso-africanas predomina o gênero do documentário para a televisão e/ou feito para exibição em festivais (cf. *Kuxa Kanema*, Cardoso 2003; quase todos os textos fílmicos de Azevedo também são documentários). Nos países africanos, o facto de se produzir majoritariamente documentários certamente está relacionado com o contexto pós-colonial, dentro do qual havia a forte intenção de mostrar com grande "objetividade" acontecimentos bastante recentes que têm um lastro histórico fundamental a ser preservado, representando assim uma realidade "autêntica", além de servir de documentação do momento presente. Há uma busca quase obsessiva de descrever e relatar "a verdade" dos factos, resgatar com essa narrativa uma memória coletiva e com ela formar a própria identidade. Pode-se dizer que se trata de um cinema de migração que busca chegar ao âmago de si próprio, e está muito longe de se tornar "lisboeta".

Nos filmes brasileiros, por sua vez, os migrantes procuram tanto sobreviver (*Vidas secas*) como buscar-se a si próprio e/ou a família (*Central do Brasil*), ou também fazer parte da nova vida, do novo lugar, isto é, integrar-se e vir a ser "lisboetas" (*A cidade onde envelheço*). Raramente encontram-se situações de emigração nas quais as figuras continuam vivendo num estado limiar (*Terra estrangeira*).

Os filmes portugueses, pelo contrário, visam a forte vontade de integração dos personagens na sociedade lisboeta; os personagens estrangeiros procuram quase que obsessivamente chegar a uma identidade portuguesa e aprender a nova língua. Não obstante, ao mesmo tempo, conservam as suas próprias tradições, rituais, línguas e ritos culturais. Mostram-se todos orgulhos de sua culinária, de sua religião, de sua língua, de sua identidade de origem (*Lisboetas, A gaiola dourada, América, Viagem a Portugal*). Portanto, estão num movimento constante entre a própria cultura e a do país de acolhimento, o que, segundo os filmes que analisamos aqui, resulta numa espécie de balançar sobre um abismo: Sendo personagens de imigrantes recentes, permanecem num contínuo estado de passagem, de transição, numa situação liminar, convertendo-se, assim, em personagens que são na verdade **não-personagens**, personagens sem documento, sem passaporte, sem lugar, sem língua, sem direito a personalidade e identidade próprias (*Lisboetas, América, Passaporte húngaro*)[12]. Essa caraterística de subtração da identidade parece ser típica do cinema diaspórico, como assinala Rafael Tassi Teixeira:

> Em relação ao cinema diaspórico, o paradigma da fronteira é observado [...] na transição diante do repertório do assentamento: as adversidades do itinerário; a inadaptabilidade e o estranhamento da chegada; a confusão dos primeiros dias; a judicialização na recepção (*sin papeles/sans papiers*); a vida em clandestinidade e o perigo da deportação; os problemas de imersão cultural e religiosa; as barreiras sociais e as relações sentimentais inter-raciais [...].
>
> (Tassi Teixeira 2016, p. 81)

A condição de personagens sem identidade é a condição emblemática por excelência de um "cinema de migração". Muitos desses personagens, porém, sonham com a possibilidade de um dia fazerem parte da nova comunidade e cultura. As futuras gerações desses migrantes certamente deverão portar os nomes de Alexandra, Sasha, Lessya ou Olena, como explicam os pais do bebê russo na cena final do documentário *Lisboetas* (01:38:07) brincando, assim, com as duas culturas e línguas. Pois, ser ou não ser "lisboeta" – eis a questão fulcral (metaforicamente falando) de integração, pertencimento e (re-)construção de identidades para eles.

Bibliografia

Bamba, Mahomed: "Migrações, imigração e alteridade no cinema contemporâneo brasileiro", *XI Congresso Internacional da ABRALIC*, 13–17 de julho de 2008, em https://abralic.org.br/eventos/cong2008/AnaisOnline/simposios/pdf/033/MAHOMED_BAMBA.pdf [último acesso: 27/08/2020].

---

12 Outros filmes seriam *Juventude em marcha* (2006), *Transe* (2006), *Viagem a Portugal* (2011).

Barradas, Jorge: "Thinking of Portugal, Looking at Cape Verde: Notes on Representation of Immigration in the Films of Pedro Costa". In: Rêgo, Cacilda / Brasileiro, Marcos (eds.): *Migration in Lusophone Cinema*. New York: Palgrave Macmillan 2014, pp. 41–57.

Capeloa Gil, Isabel (ed.): *Poéticas da Navegação*. Lisboa: Universidade Católica Editora 2007.

Garraio, Júlia: "Espaços de exclusão e desamparo. Sobre alguns filmes de Teresa Villaverde". *Quo vadis, Romania?* 34 2009, pp. 82–100, em https://www.univie.ac.at/QVR-Romanistik/wp-content/uploads/2018/11/QVR-34-2009.pdf [último acesso: 08/09/2020].

Gomes, Kathleen: "Em transe", *Público*, 07/08/2020, em https://www.publico.pt/2020/08/07/culturaipsilon/cronica/transe-1927129 [último acesso: 27/08/2020].

Hirano, Sedi / Tucci Carneiro, Maria Luiza (eds.): *Histórias Migrantes – Caminhos Cruzados*. São Paulo: FFLCH / Editora Humanitas 2017.

Johnson, Randal / Stam, Robert (eds.): *Brazilian Cinema*. New York: Columbia UP 1995.

Lussi, Carmem (ed.): *Migrações Internacionais*. Brasília: CSEM Editora 2016.

Overhoff Ferreira, Carolin: *Identity and Difference. Postcoloniality and Translationality in Lusophone Films*. Münster: LIT 2012.

Rêgo, Cacilda / Brasileiro, Marcos (eds.): *Migration in Lusophone Cinema*. New York: Palgrave Macmillan 2014.

Sartingen, Kathrin: "Pelos mares do filme lusófono: navegando, naufragando, narrando". In: Ferreira, António Manuel et al. (eds.): *Pelos Mares da Língua Portuguesa*. Aveiro: Universidade de Aveiro 2019, pp. 387–408.

Sartingen, Kathrin: "Naufrágio com criança – passagens e limiares na filmografia lusoafricana". In: Sartingen, Kathrin / Strasser, Melanie P. (eds.): *Uma Arena de Vozes. Intermedialidades e intertextualidades em literatura e cinema da América Latina, África Lusófona e Portugal*. Frankfurt am Main: Peter Lang, vol. 11 [Wiener Iberoromanistische Studien] 2018, pp. 41–52.

Schulze, Peter W.: *Strategien ‚kultureller Kannibalisierung‘: Postkoloniale Repräsentationen vom brasilianischen Modernismo zum Cinema Novo*. Bielefeld: transcript 2015.

Tassi Teixeira, Rafael: "Cinema, migração e identidades: representações cinematográficas das identidades brasileiras *in between* contemporâneas". *Intexto* 35 jan./abr. 2016, pp. 76–96, em http://dx.doi.org/10.19132/1807-8583201635.76-96 [último acesso: 10/09/20].

Filmografia

Abreu, Rui Eduardo: *Eldorado*. Luxemburgo 2016. (83 min.)

Alves, Ruben: *A gaiola dourada*. França / Portugal 2013. (90 min.)

Amorim, Vicente: *O caminho das nuvens*. Brasil 2003. (85 min.)

Azevedo, Licínio: *Comboio de sal e açúcar*. Portugal / Moçambique /Brasil / Africa do Sul / França 2016. (93 min.)

Azevedo, Licínio: *Hóspedes da noite*. Moçambique 2007. (57 min.)

Azevedo, Licínio: *Acampamento de desminagem*. Moçambique 2005. (60 min.)

Barahona, José: *Estive em Lisboa e lembrei de você*. Portugal / Brasil 2015. (94 min.)

Canijo, João: *Ganhar a vida*. Portugal 2001. (115 min.)

Cardoso, Margarida: *Kuxa Kanema – O nascimento do cinema*. Moçambique / Portugal 2003. (52 min.)

Costa, Pedro: *Vitalina Varela*. Portugal 2019. (124 min.)

Costa, Pedro: *Juventude em marcha*. Portugal / França / Suíça 2006. (156 min.)

Costa, Pedro: *No quarto da Vanda*. Portugal / Alemanha / Suíça / Itália 2000. (179 min.)

Costa, Pedro: *Ossos*. Portugal / França 1997. (98 min.)

Delgado Martins, Ana: *De armas e bagagens*. Portugal / Angola 2013. (72 min.)

Gamboa, Zezé: *Dissidence*. Angola 1998. (56 min.)

Ganga, Maria João: *Na cidade vazia*. Angola / Portugal 2004. (90 min.)

Gomes, Flora: *A República di mininus*. Portugal / Guinea-Bissau / França / Alemanha / Bélgica 2012. (78 min.)

Gomes, Flora: *Nha fala*. Portugal / França / Luxemburgo 2002. (110 min.)

Gomes, Flora: *Po di sangui*. Portugal / França / Guinea-Bissau / Tunísia 1996. (90 min.)

Hamburger, Cao: *O ano em que meus pais saíram de férias*. Brasil 2006. (104 min.)

Jürgens, Uli: *Der ungehorsame Konsul – Exil in Portugal* Áustria 2015. (45 min.)

Kogut, Sandra: *Um passaporte húngaro*. Bélgica / França 2001. (72 min.)

Muylaert, Anna: *Que horas ela volta*. Brasil 2015. (112 min.)

Peireira dos Santos, Nelson: *Vidas secas*. Brasil 1963. (103 min.)

Pimentel, Vasco / Gonçalves, Inês / Liberdade, Kiluanje: *Outros bairros*. Portugal 1999. (50 min.)

Pinheiro, Cristina: *Menina*. França 2017. (97 min.)

Pinto, João Nuno: *América*. Portugal / Brasil /Rússia / Espanha 2010. (111 min.)

Prata, Teresa: *Terra sonâmbula*. Portugal / Moçambique 2007. (96 min.)

Rocha, Marília: *A cidade onde envelheço*. Brasil / Portugal 2016. (99 min.)

Rocha, Glauber: *Terra em transe*. Brasil 1967. (106 min.)

Rocha, Glauber: *Deus e o Diabo na terra do sol*. Brasil 1963. (125 min.)

Salles, Walter: *O céu de Suely*. Brasil / Alemanha / Portugal / França 2006. (88 min.)

Salles, Walter: *Central do Brasil*. Brasilien / França 1998. (110 min.)

Walter Salles / Thomas, Daniela: *Terra estrangeira*. Brasil / Portugal 1995. (110 min.)

Tréfaut, Sérgio: *Viagem a Portugal*. Portugal 2011. (75 min.)

Tréfaut, Sérgio: *Lisboetas*. Portugal 2004. (104 min.)

Vieira, José: *O país aonde nunca se regressa*. França 2005. (52 min.)

Vieira, José: *A fotografia rasgada*. França / Portugal 2002. (53 min.)

Vieira, Leonel: *Um tiro no escuro*. Portugal 2005. (105 min.)

Villaverde, Teresa: *Transe*. Itália / Rússia / França / Portugal 2006. (126 min.)

Esther Gimeno Ugalde

Cinema de migração poliglota:
Lisboetas e *Viagem a Portugal* de Sérgio Tréfaut

We never see the same thing when we also hear;
we don't hear the same thing when we see as well.

(Michael Chion)

Introdução: migrações e cinema

Os movimentos populacionais ligados à globalização têm contribuído para situar o migrante no centro dos discursos políticos, económicos e sociais, atribuindo-lhe um forte protagonismo nos meios de comunicação, embora com conotações habitualmente negativas (Martínez-Carazo 2010, p. 168; Ballesteros 2014, p. 14)[1]. Sendo um dos fenómenos mais críticos e de maior impacto do nosso tempo, não surpreende que, nas últimas duas décadas, a migração também tenha despertado um crescente interesse por parte de realizadores de cinema de todo o mundo, os quais tendem a representar os migrantes – quer no cinema de ficção, quer no documentário – de uma forma alternativa àquelas que, em consonância com os discursos hegemónicos dos poderes políticos e dos grupos de poder, prevalecem nos meios de comunicação como a imprensa, a rádio ou a televisão. Em *Immigration Cinema in the New Europe* (2014), Isolina Ballesteros chamava precisamente a atenção sobre este facto:

> [...] filmmakers have explicitly tried to provide alternatives to the partial coverage made available by the media, which, as we have seen, typically limits itself to sensationalist accounts that include the demonization of the immigrant as "illegal," "delinquent," or "terrorist;" the docu-dramatic and simplistic victimization of immigrants as isolated objects of abuse, targets of international mafias, or anonymous numbers perishing in dangerous crossings; and the abstract and impersonal account of anti-immigration policies that the EU is "obligated" to enforce.
>
> (Ballesteros 2014, p. 14)

---

1   O próprio qualificativo "ilegal", usado para aludir a pessoas migrantes em situação irregular, é um bom exemplo, tendo levado vários organismos europeus e internacionais, como o Parlamento Europeu, a Comissão Europeia ou as Nações Unidas, a desencorajar o uso deste termo nos meios de comunicação.

Embora fosse erróneo associar um ativismo autoral a todos os filmes de migração (Ballesteros 2014, p. 17), o cinema, ao contrário de outros discursos mediáticos, tem contribuído para criar modos alternativos de representação dos sujeitos migrantes, que são apresentados de formas mais humanas. Por sua vez, esta tendência cinematográfica tem despertado um interesse cada vez maior por parte da crítica. Como já se apontou na introdução deste volume, uma boa amostra são os vários livros dedicados a este tema que foram publicados no seio de tradições académicas diversas, focando-se em marcos culturais e geográficos distintos, incluindo também os países de língua portuguesa (veja-se Rêgo / Brasileiro 2014)[2]. Apesar de partilharem uma temática comum, estes trabalhos evidenciam uma grande variedade de aproximações teóricas e metodológicas, para além de fornecerem diferentes denominações, definições e classificações do cinema orientado para os processos migratórios. Ainda que considere interessantes e acertadas muitas das perspetivas oferecidas, a minha proposta baseia-se na definição de "immigration cinema" sustentada por Isolina Ballesteros, que o descreve como uma categoria temática ampla que abrange uma variedade de filmes heterogéneos, os quais refletem e se ocupam das vidas e identidades dos sujeitos migrantes da primeira ou segunda geração, independentemente da origem dos realizadores (cf. Ballesteros 2014, p. 14).

Como já sublinharam Hamid Naficy (2001) e Cristina Martínez-Carazo (2010), estes filmes partilham certas caraterísticas: em primeiro lugar, a presença da viagem como *leitmotiv* ou eixo central; em segundo lugar, o protagonismo de personagens aculturadas que lidam com conflitos de identidade e

---

2   *An Accented Cinema. Exilic and Diasporic Filmmaking* (Naficy 2001), *Reframing Difference: Beur and Banlieue Filmmaking in France* (Tarr 2005), *Los parias de la tierra: inmigrantes en el cine español* (Castiello 2005), *European Cinema in Motion. Migrant and Diasporic Film in Contemporary Europe* (Berghahn / Sternberg 2010), *Screening Strangers: Migration and Diaspora in Contemporary European Cinema* (Loshitzky 2010), *Migration in Contemporary Hispanic Cinema* (Deveny 2012), *The Cinemas of Italian Migration: European and Transatlantic Narratives* (Schrader / Winkler 2013), *Immigration Cinema in the New Europe* (Ballesteros 2014), *Muslim Women in French Cinema: Voices of Maghrebi Migrants in France* (Kealhofer-Kemp 2015), *The Other in Contemporary Migrant Cinema. Imagining a New Europe?* (Rings 2016), *Migrants in Contemporary Spanish Film* (Guillén Marín 2018), *Migrant Anxieties. Italian Cinema in a Transnational Frame* (O'Healy 2019), *The Figure of the Migrant in Contemporary European Cinema* (Trifonova 2020) or *Greek Cinema and Migration, 1991–2016* (Philip E. Phillis 2020) são uma amostra destacada da vasta produção académica focada no crescente fenómeno migratório e nas suas representações e encenações fílmicas, quer no cinema de ficção quer no documentário.

com sentimentos associados à liminaridade e à não-pertença (nostalgia, medo, insegurança, etc.); e, em terceiro lugar, o plurilinguismo (Martínez-Carazo 2010, p. 159), caraterística de especial destaque para esta análise. No contexto europeu, Ballesteros (2014) observa também certos padrões de representação comuns, respeitantes aos formatos e géneros cinematográficos, ao compromisso ético dos realizadores e à resposta das audiências:

> In spite of the differences among European countries' cinematographic industries, it is possible to identify common patterns of representation, particularly in terms of cinematographic formats and genres, the filmmakers' ethical commitments, and audience responses to them.
>
> (Ballesteros 2014, p. 12)

Cinema de migração, cinema poliglota

Há uma década, Cristina Martínez-Carazo advertiu que, apesar de muitos críticos terem estudado a relação entre o cinema e a migração, ainda eram poucos os que se tinham debruçado sobre o papel destacado que as línguas desempenham nesta equação (Martínez-Carazo 2010, p. 158). Assim, assumindo como ponto de partida o multilinguismo, neste capítulo proponho abordar o cinema de migração focando-me em duas longas-metragens portuguesas, *Lisboetas* (2004) e *Viagem a Portugal* (2011), realizadas pelo cineasta luso-franco-brasileiro Sérgio Tréfaut[3], que baseiam o seu enredo em personagens imigradas para Portugal. Apesar das muitas diferenças, ambos os filmes se destacam por serem multilingues, fazendo parte do que Tessa Dwyer (2005, p. 296) denominou "polyglot cinema", isto é, um cinema caraterizado pela presença natural de duas ou mais línguas ao nível do diálogo ou narrativa[4].

Seguindo a proposta de Martínez-Carazo (2010), que originalmente foi desenvolvida no contexto do cinema de migração espanhol, a minha análise visa aprofundar os mecanismos narrativos e estéticos que os filmes de migração ativam para encenar a diversidade linguística: o convívio e a interação de diferentes línguas, as consequências da falta de uma língua comum, assim como outros marcadores verbais que criam o que Robert Stam (1991) chamou

---

3 Filho de pai português e mãe francesa, ambos exilados, Tréfaut nasceu no Brasil e vivenciou ele mesmo a migração. A violência da ditadura brasileira obrigou-o a emigrar para Portugal, onde ainda hoje vive.

4 A frase original diz: "[...] the naturalistic presence of two or more languages at the level of dialogue or narrative" (Dwyer 2005, p. 296).

"polyphonic play of voices"[5]. Analisar-se-ão também as implicações (ou a ausência) da dobragem ou da legendagem, a presença da tradução ou da auto-tradução diegéticas, o uso e efeito da voz em *off*, etc.

Prestar maior atenção à voz e, em geral, ao plano sonoro, numa cultura dominada pela visualidade, parece-me especialmente produtivo, porquanto permite elucidar discursos subjacentes. Neste sentido, a minha proposta inscrever-se-ia no que Michel Chion chama de "áudio-visão", isto é, um modo percetual de receção dos meios audiovisuais, não focado exclusivamente no plano visual, mas que coloca a ênfase na combinação dos elementos visuais e sonoros, uma vez que uma perceção influencia a outra e a transforma. Nas suas próprias palavras:

> And yet films, television, and other audiovisual media do not just address the eye. They place their spectators – their audio-spectators – in a specific perceptual mode of reception, which […] I shall call audio-vision. […] The objective […] is to demonstrate the reality of audiovisual combination – that one perception influences the other and transforms it. We never see the same thing when we also hear; we don't hear the same thing when we see as well.
>
> (Chion 1994, XXV-XXVI)

É claro que a "áudio-visão" não pode excluir a música, considerada frequentemente um elemento central tanto na narrativa quanto na estética do cinema de migração, como já assinalou Hamid Naficy ao referir-se ao chamado "accented cinema": "[S]tressing musical and oral accents redirects our attention from the hegemony of the visual and of modernity toward the acousticity of exile and the commingling of premodernity and post modernity in the films" (Naficy 2001, p. 25).

Para Verena Berger, ao manter as línguas estrangeiras, os realizadores do cinema de migração não só criam uma "paisagem falada" diferenciada, mas revelam também discursos hegemónicos e deixam ouvir o imediatismo das "vozes subalternas" (Berger 2010, p. 211). Especialmente pertinente neste contexto parece-me o conceito de "spoken landscape", introduzido pelo teórico e crítico cinematográfico Béla Balázs. No seu ensaio "Der Geist des Films", publicado em 1930, Balázs chamava a atenção para a presença de línguas estrangeiras no diálogo do primeiro cinema. Partindo da noção fundamental de que a

---

5   Tomando como referência a preferência bakhtiniana pelas metáforas auditivas e musicais (vozes, entoação, sotaque, etc.), no ensaio "Bakhtin, Polyphonia and Ethnic/Racial Representation", Stam analisou a representação da etnicidade no cinema norte-americano e aplicou o termo "jogo polifónico de vozes" aos estudos de cinema.

mensagem tinha que ser percebida, para o teórico húngaro o que era verdadei-ramente relevante não era o conteúdo, mas a impressão acústica, sensorial: "[...] what is decisive is not the content, but the acoustic, sensous impression" (Balázs 2010, p. 195). Transpondo esta ideia para o contexto do cinema de migração, poder-se-ia dizer que as qualidades acústicas e sensoriais destas "paisagens faladas" multilingues exercem um poderoso efeito estético no espetador, um efeito que uma versão dobrada só consegue destruir. Assim, se historicamente a dobragem tem tendido a diluir as vozes e os sotaques (*accents*) estrangeiros e subalternos, no caso do cinema multilingue ela tende a minimizar ou ainda a apagar por completo a coexistência de línguas (cf. O'Sullivan 2011, p. 180). Mark Betz também sustenta esta tese quando afirma que a dobragem é "a reduction of a film's polyphonic, profilmic event into a univocal sound track" (Betz 2009, p. 86). É precisamente por causa disso que os filmes poliglotas devem mostrar-se com legendas, uma vez que não são anti-ilusionistas (Wahl 2005), isto é, não tentam esconder a diversidade humana atrás da máscara de uma linguagem universal. No entanto, como lembram Verena Berger e Miya Komori:

> While subtitling and other forms of film translation can make this [pluralidade de línguas] more accessible to its audiences, the central tenet of polyglot cinema is the representation of language diversity as its protagonists experience it.
>
> (Berger / Komori 2010, p. 9)

Com efeito, o principal propósito do cinema multilingue é mostrar a variedade de línguas com as quais os migrantes se veem confrontados (ibid.). O caso mais extremo seria a não-tradução: a escolha deliberada dos realizadores de não oferecer nenhuma tradução é, de facto, uma estratégia que responde ao desejo de criar um efeito de estranhamento no espetador, equiparável, com todas as reservas, ao sentimento de alteridade que sente um sujeito migrado num país que fala uma língua diferente da sua (cf. Trama Group 2010, p. 24). Quer com algum tipo de mediação linguística (legendagem, tradução diegética, etc.), quer sem ela, ao confrontarem o espetador com a multiplicidade de línguas que acompanham os migrantes, os filmes poliglotas tornam audíveis línguas e sota-ques que, apesar de ocuparem hoje uma grande parte do espaço público, ainda continuam ausentes nos espaços de poder (cf. Martínez Carazo 2010, p. 169).

Por outro lado, a polifonia de vozes e pronúncias variadas do cinema de migração pode promover, a meu ver, uma "imaginação multilingue" no espe-tador, fazendo-o tomar consciência da "paisagem falada" experimentada pelos sujeitos imigrantes. Convém notar que, seguindo Claire Kramsch, defino a "imaginação multilingue" como "the capacity to envision alternative ways of remembering an event, of telling a story, of participating in a discussion, of empathizing with others" (Kramsch 2009, p. 201). Por outras palavras, os fil-mes multilingues podem promover a capacidade (simbólica) de imaginar novas formas de olhar e entender o mundo. Porém, como já referi noutra ocasião (Gimeno Ugalde 2019, p. 90), para que os filmes poliglotas consigam realmente fomentar uma "imaginação multilingue" eles devem cumprir dois critérios: em primeiro lugar, a representação diegética da diversidade linguística – quer no documentário, quer na ficção – deve ser algo mais do que simples "ruído exó-tico", ter um simples efeito "de postal" ou intenção estereotípica ou cómica. E, em segundo lugar, esta representação deve mimetizar práticas linguísticas reais, ou seja, as encenações devem assemelhar-se àquelas práticas que aconte-cem nas sociedades multilingues e multiculturais que são representadas.

Lisboetas e *Viagem a Portugal* de Sérgio Tréfaut

Tradicionalmente considerado um país de emigração, Portugal converteu-se, durante os anos 90 do século XX e os anos iniciais do século XXI, e pela pri-meira vez na sua história, num país recetor de migrantes, especialmente das antigas colónias africanas, do Brasil, da China e da Europa de Leste (Arenas 2017, p. 145). A bonança económica, a modernização do país e a abertura das novas fronteiras europeias propiciou um notável incremento dos movimen-tos de entrada em Portugal, "passando de periferia (na Europa) para 'porta de entrada' no sistema migratório europeu" (Góis / Marques 2011). Assim, na altura,

> [...] Portugal was facing a period of influx of money and the country was involved in a huge modernization effort in order to get closer to the leading nations in Europe. The prosperous 1990s brought thousands of immigrants to Portugal to work in construc-tion and industry, motivated by the echoes of the rising of a new Eldorado in Europe.
>
> (Prata 2017, p. 164)

Como sublinha Ana Filipa Prata, este novo contexto social favoreceu em Portu-gal a discussão acerca de questões ligadas à integração das novas comunidades na sociedade portuguesa, não só criando um espaço para debater e revisitar aspetos relativos à identidade portuguesa pós-colonial e suas representações, mas também tornando públicos alguns episódios concretos relacionados com os procedimentos das políticas migratórias, que eram então ainda desconhecidos para uma grande parte da sociedade portuguesa (Prata 2017, pp. 164–165). Paralelamente, seguindo a tendência do cinema europeu que prestava cada vez mais atenção aos fenómenos migratórios, este contexto forneceu material para a criação de vários filmes de fic-ção e documentários focados na imigração em Portugal (Prata 2017, p. 165). Para além de João Ribeiro e Filipe Costa, realizadores de *Entre muros* (2002), Sérgio Tréfaut foi um dos primeiros cineastas que decidiu olhar para esta nova realidade no cinema português: o documentário *Lisboetas* (2004) foi um dos primeiros filmes a retratar a vida quotidiana dos imigrantes de Lisboa, enquanto a ficção *Viagem a Portugal* (2011) – produzida já no contexto da crise de 2008, mas que alude ao período da bonança económica dos anos 90 – encena as vicissitudes por que passa uma mulher ucraniana no Aeroporto Internacional de Faro, onde é suspeita de ser uma imigrante sem documentos. Embora a minha pesquisa se centre, por questões de espaço, nestas duas longas-metragens, poder-se-ia realizar uma análise seme-lhante a partir de outros filmes de migração no contexto português, como *Ganhar a vida* (João Canijo 2001), falado em português e francês; *Transe* (Teresa Villaverde 2006), filme com diálogos em português, alemão e russo; *América* (João Nuno Pinto 2010), que combina a língua portuguesa, espanhola e russa; ou até a partir do filme francês *Menina* (2017), da realizadora luso-francesa Cristina Pinheiro, falado principalmente em francês, com alguns diálogos em português. Sem esque-cer, logicamente, os filmes que retratam a vida de imigrantes das antigas colónias, os quais, para além das línguas crioulas, trazem consigo os seus diversos sotaques e modos particulares de falar[6].

Quem são os *Lisboetas*?

Por meio de uma narrativa coral, protagonizada por imigrantes reais, o docu-mentário *Lisboetas*, falado em 14 línguas distintas, desvelava em 2004 uma rea-lidade ainda desconhecida para muitos portugueses nessa altura: uma janela aberta para a vida quotidiana de pessoas provenientes de diferentes países e em busca de um novo Eldorado europeu. A origem de *Lisboetas* é um filme-instala-ção de 30 minutos intitulado *Novos Lisboetas* (2003) que foi exibido no Parc de La Villette (Paris) e na Fundação Calouste Gulbenkian (Lisboa).

Embora à primeira vista não o pareça, o título do documentário, *Lisboe-tas*, despojado do adjetivo "novos" do filme-instalação, vem problematizar a questão da identidade num mundo cada vez mais globalizado: pois, quem são, realmente, estes lisboetas? Rompendo as expectativas da audiência, os lisboetas que passam pelo ecrã não são cidadãos portugueses da capital, mas pessoas imigradas de diferentes partes do mundo. Como assinalou Patrícia Martinho Ferreira, esta inversão de expectativas, "inscreve-se justamente no cartaz pro-mocional do documentário, através das perguntas retóricas 'Quem és tu?' e 'O

---

6   Este tema tem sido estudado pormenorizadamente por Carolin Overhoff Ferreira (2010).

que fazes aqui?'" (Martinho Ferreira 2014, pp. 2–3), interrogativas que se repetem em *off* em chinês numa das cenas finais do filme. No entanto, a chave para responder a estas questões é oferecida logo no início da segunda sequência do filme (00:03:53–00:04:57), quando a voz em *off* da locutora de rádio se dirige, em língua russa, aos ouvintes do seu programa e do jornal *Slovo*[7], chamando a atenção para a crescente presença da população imigrante em Portugal, ao mesmo tempo que sintetiza as viragens da história num breve relato sobre a recente transformação de Portugal, que passou de país emigrante a país recetor. O facto de a locutora radiofónica destacar o passado da emigração de Portugal não é casual, uma vez que relembra ao espetador português, público-alvo deste documentário, a história do seu próprio país, apontando assim para o caráter dinâmico dos fenómenos migratórios. No plano visual, as imagens que acompanham a alocução mostram um grupo multiétnico e multirracial de imigrantes que se encontram na entrada do Serviço de Estrangeiros e Fronteiras (SEF) e que representam metonimicamente a heterogeneidade da população imigrada, referida pela locutora radiofónica, e que dá título ao documentário. Esta montagem sublinha o que o documentário põe subtilmente em causa: uma visão essencialista das identidades nacionais, destacando assim o papel da migração na formação de novas identidades transnacionais.

Importa salientar que tanto as vozes em *off* quanto as testemunhas na primeira pessoa de *Lisboetas* usam as respetivas línguas (russo, romeno, chinês, urdu, bengalês, etc.), tendo-se optado pela legendagem como estratégia geral para tornar compreensível a mensagem (à exceção dos diálogos falados em português). O objetivo é duplo: por um lado, mesmo tratando-se de uma encenação, o filme pretende mimetizar a realidade multilingue e multicultural da Lisboa do século XXI e, por outro, quer "dar espaço a vozes que nunca ou raramente se ouvem" (Martinho Ferreira 2014, p. 5).

O salto da primeira cena para a segunda leva o espetador da Lisboa dos imigrantes brasileiros que, apesar das diferenças culturais, partilham a língua com a população autóctone, para a Lisboa dos imigrantes da Europa de Leste e de outros países que falam línguas diversas. Como destacou Michaël Abecassis, "[S]tress, intonation and the use of a particular vocabulary by a foreign character all contribute to making the film multilingual" (Abecassis 2010, p. 33). Cabe pontualizar, porém, que o adjetivo multilingue pode referir-se tanto a idiomas diferentes, como à variedade interna duma mesma língua. Assim, no

---

7   Como depois a mesma voz explica, *Slovo* é um dos jornais mais populares em língua russa publicados em Portugal (00:40:30–00:40:54).

caso da comunidade brasileira, a alteridade mostra-se especialmente através do sotaque, um dos elementos chave que revela a sua proveniência. No entanto, o facto de partilhar uma língua comum com os portugueses contribui para que esta comunidade tenha uma vida "mais facilitada", como sublinha Martinho Ferreira (2014, p. 4). Neste sentido, o domínio da língua portuguesa, da língua comum, constitui uma mais-valia para se conseguir uma maior integração social e socioeconómica. No filme, isto encena-se, segundo a autora,

> [...] no momento em que os três imigrantes brasileiros falam ao telefone com a família, assim como no momento em que o espectador entra em contacto com o ambiente festivo que rodeia a comunidade imigrante brasileira.
>
> (Martinho Ferreira 2014, p. 4)[8]

Este ambiente festivo manifesta-se ao ritmo de música brasileira, com canções de grande êxito como *Morena Tropicana* de Alceu Valença, que todos os assistentes dançam com entusiasmo na Casa do Brasil, uma associação de imigrantes sem fins lucrativos, fundada por brasileiros residentes em Portugal. Para além de sublinhar o caráter polifónico e "pronunciado" (*accented*) de *Lisboetas* e de agir como elemento de festividade, a música funciona nesta cena (00:55:20–00:58:44) como fator coesivo da diáspora brasileira em Lisboa, visto que, como afirmam Roy e Dowd (2010), se torna um espaço para criar e expressar identidades de grupo, unindo grupos sociais e estabelecendo vínculos emocionais entre as pessoas.

O ambiente alegre e positivo da Casa do Brasil contrasta, no entanto, com outra sequência, filmada no Campo Grande (00:13:29–00:22:21), na qual se veem imigrantes da Europa de Leste à procura de trabalho provisório para viabilizar o prolongamento da permanência em Portugal, sendo alvo de abusos por parte da população autóctone que, ao contrário, lhes oferece subemprego como mão de obra barata no mercado negro, nomeadamente na construção, um dos sectores que, desde inícios da década dos 90, atraiu maior imigração laboral. Como salientaram Góis e Marques, muitas destas pessoas entraram com um visto de curta duração, mas acabaram por "constituir um novo conjunto de imigrantes ilegais que supriam necessidades laborais, estavam integrados no mercado de trabalho, mas careciam de direitos e de uma política de integração" (Góis / Marques 2018, s.p.).

Uma voz em *off* masculina, agora em romeno, liga a sequência anterior (00:13:29–00:22:21) à atual (00:22:22–00:23:24) ao informar os leitores do

---

8   Estas cenas aparecem em diferentes partes do documentário: 00:01:53–00:03:47; 00:54:05–00:54:16; 00:54:17–00:55:19.

jornal luso-romeno *Diáspora* sobre uma rusga policial que teve lugar no Campo Grande e na qual foram detidos vários imigrantes sem documentos. Convém salientar que *Lisboetas* não poupa críticas a alguns sectores da sociedade portuguesa, quer através do empresário que pretende explorar os imigrantes como mão de obra barata (sem oferecer contratos nem segurança social, pagando salários baixos, etc.) (00:17:57–00:21:05), quer através das críticas ao sistema escolar português (01:13:33–01:15:03), quer através dos comentários do pastor nigeriano em relação às desigualdades e à exploração a que são submetidos os imigrantes (01:26:30–01:28:04) (cf. também Martinho Ferreira 2014, pp. 6–7).

A estratégia da voz em *off* repete-se várias vezes ao longo do documentário, entrelaçando as distintas histórias e ajudando assim o espetador a construir o significado das imagens e a interpretá-las. A singularidade deste recurso reside, contudo, na dissonância entre o plano visual e o sonoro, dado que a voz em *off* não acompanha as imagens descritas, antes as antecipa ou as comenta *a posteriori*.

A comunicação – ou a sua ausência – é um *leitmotiv* do documentário que mostra os imigrantes no seu dia-a-dia: procurando trabalho, tratando de lidar com a burocracia das autoridades imigratórias para conseguir vistos e permissões de residência e de trabalho, telefonando à sua família, assistindo a cultos religiosos,[9] ou nas aulas, aprendendo português. A dificuldade de comunicar torna-se muito evidente na cena passada no interior das instalações do SEF, na qual se mostra como alguns imigrantes apenas conseguem compreender os funcionários ou emitir algumas palavras em português. Enquanto as faces dos funcionários nunca são mostradas, a câmara focaliza-se nos rostos e no olhar dos imigrantes, sublinhando assim a sua fragilidade e o seu sentimento de estranhamento perante os entraves administrativos e legais que encontram. Para além dos primeiros e primeiríssimos planos dos seus rostos (00:05:15–00:05:23; 00:06:13–00:09:17; 00:09:37–00:12:52), a câmara detém-se também nos passaportes, vistos e documentos vários (00:05:24–00:05:36; 00:06:00–00:06:12), recurso estético que enfatiza a hostilidade da burocracia, à qual são submetidos os lisboetas que dão título ao documentário (cf. Martinho Ferreira 2014, p. 3).

---

9   Como assinala Martinho Ferreira (2014, p. 9), a religião age como forma de combater o desenraizamento. Ao longo do documentário, aparecem várias sequências (00:30:44–00:31:20; 01:03:13–01:07:29; 01:25:46–01:30:57) filmadas em espaços de culto (Igreja Ortodoxa Romena, Mesquita da Comunidade de Bangladesh, Templo Budista, etc.), nos quais se vislumbra um sentimento de pertença comum.

No entanto, a distância dos funcionários do SEF, que personificam a burocra-cia do sistema legal e a inospitalidade da "Europa Fortaleza"[10], o paternalismo do empresário explorador, assim como a antipatia do empregado de mesa para com o vendedor ambulante de flores, contrasta com a maior proximidade das enfermeiras no serviço de maternidade, do professor de português ou da traba-lhadora da unidade móvel de *Médicos do Mundo*, que oferecem um rosto mais amável do país de acolhimento. Para estes últimos, as pessoas que migram não são um simples número, mas indivíduos com nome e história próprios. É pre-cisamente no contexto da unidade móvel que se evidenciam alguns dos piores efeitos da imigração: a exclusão social e o alcoolismo, concretizados na figura de Alexander, um jovem russo que no seu país de origem foi piloto militar, mas que em Lisboa acabou a viver na rua. O público conhece a história de Alexander tanto por meio dos diálogos com a trabalhadora dos serviços médicos, quanto por meio da locutora do *Slovo* que, na sequência anterior (00:40:43–00:41:37), está a ler uma carta de um dos seus leitores: novamente em russo, esta voz em *off* conta a preocupação de Alexei por um compatriota que é, afinal, como o espetador fica a saber momentos depois, Alexander.

Em termos linguísticos, a cena que decorre no interior da ambulância é muito relevante (00:42:00–00:49:58). Apesar de Alexander ter alguns conhe-cimentos de português, a sua fluência é bastante limitada, de maneira que os outros compatriotas que estão na fila da unidade móvel o ajudam, traduzindo as partes mais importantes da conversa com a enfermeira, especialmente no respeitante à prescrição e aos conselhos médicos. Conhecida como interpre-tação de enlace ou "liaison interpreting"[11], este tipo de tradução, que também se vê em *Viagem a Portugal*, encena as dificuldades de comunicação e de inte-gração dos imigrantes que precisam de um mediador, profissional ou não, para aceder a serviços tão básicos como a saúde. No entanto, esta cena manifesta também a solidariedade dos imigrantes que tentam ajudar-se uns aos outros, mostrando assim outra faceta, muito mais humana, do fenómeno migratório.

A dificuldade ou impossibilidade de comunicação contrasta fortemente com a fluência com a qual se expressam muitas personagens, quer quando estão a falar com os seus compatriotas que também vivem em Lisboa, quer quando estão a telefonar aos seus familiares no seu país de origem. Ao longo

---

10 Neste sentido, Europa não só é considerada uma "família de nações", mas também uma "Fortaleza" que defende as suas fronteiras das "invasões" migratórias (Balles-teros 2014, p. 4).

11 Para outros detalhes sobre esta estratégia, veja-se Trama Group (2010).

do documentário, o telefone adquire uma grande força simbólica, uma vez que conecta os imigrantes com os seus dois mundos e culturas (cf. Martinho Ferreira 2014, p. 4). Estas conversas fluentes nas mais diversas línguas criam uma "paisagem falada" multilingue que aproxima o espetador português de um mundo que, em parte, lhe é desconhecido, e ao qual só consegue aceder por meio da legendagem. Embora a maioria das cenas em línguas diferentes do português sejam legendadas, *Lisboetas* inclui também uma breve conversa na Baixa entre um vendedor de flores paquistanês e dois compatriotas seus, cujo diálogo não é legendado, o que acentua o efeito de estranhamento no espetador (00:38:10–00:40:15) (Berger 2010, p. 223; Martinho Ferreira 2014, p. 5).

A (Não-)Viagem a Portugal

Embora muito diferente em termos estéticos e de género, *Viagem a Portugal*, baseado numa história real, teve a sua origem durante a rodagem de *Lisboetas*, quando o seu realizador conheceu Tanya, uma ucraniana médica, formada pela universidade de Donetsk. Ao contrário do documentário que acabei de analisar e que se centra na vida dos novos lisboetas no país de acolhimento, *Viagem a Portugal* situa o seu enredo na fronteira aeroportuária, espaço liminar por antonomásia entre a origem e o destino de quem viaja. O título, *Viagem a Portugal*, sugere uma contradição e antecipa o absurdo da história a que o público vai assistir, no sentido de apresentar uma viagem a Portugal que nunca acontece, que é interrompida por uma longa espera na área de controlo migratório do Aeroporto Internacional de Faro. Assim, o aeroporto "[...] is depicted as part of a system of nodes and zones of transit and passage that function in this case as a policed border network" (Gott 2018, p. 188)[12].

A escolha deste *setting* vê-se reforçada, no plano visual, pela austeridade das imagens a preto e branco que sublinham o controlo migratório como um espaço intersticial que separa Maria e outros estrangeiros, retidos na fronteira (dentro do aeroporto), do resto do mundo. Tendo lugar na véspera do Ano Novo de 1998, ano no qual Lisboa celebrou a Exposição Universal (Expo 98), e no transcurso de um período de pouco mais de 24 horas, *Viagem a Portugal* narra as vicissitudes de Maria Itaki que, indo ao reencontro do seu marido Gregor, é suspeita de ser uma imigrante sem documentos e de participar numa rede de prostituição. O seu destino piora quando as autoridades imigratórias se

---

12 Para uma análise aprofundada da questão do espaço no filme recomenda-se a leitura do artigo de Ana Filipa Prata (2017), no qual esta autora estuda a representação do aeroporto como uma "waiting zone" e um "black hole".

apercebem de que o seu marido é africano. A partir desse momento, Maria, magistralmente interpretada pela atriz portuguesa Maria de Medeiros, torna-se vítima do chamado "dispositivo de migração" (*migration apparatus*)[13] que se traduz numa série de abusos psicológicos, emocionais e físicos, originados pelos preconceitos que pesam sobre uma mulher bonita, cujo marido é africano e negro[14], e ainda intensificados pela barreira linguística que se estabelece entre ela e as autoridades fronteiriças. Esta barreira, real e simbólica, evidencia-se desde o seu primeiro contacto com o funcionário de passaportes: para além do russo, Maria só sabe falar um francês muito rudimentar, não entendendo nem o inglês nem o português. A falta de um idioma comum parece ser o facto que desencadeia o subsequente interrogatório ao qual é submetida num quarto à parte (00:04:58–00:06:59). Assim, como ressalvou Fernando Arenas:

> *Viagem a Portugal* explores the vulnerability of human lives as they collide with the impersonal exercise of power within the fortress-state, where "the law of unlimited hospitality" to which Jacques Derrida refers is superseded by laws that condition rights and obligations in the context of migration [...].
>
> (Arenas 2017, p. 158)

Na sequência do interrogatório, a posição das personagens e o ponto de vista criam uma grande tensão dramática, intensificada pela repetição da cena que se mostra duas vezes, embora a partir de pontos de vista distintos. Em primeiro lugar, a câmara situa-se atrás de Maria, mostrando os primeiros planos da inspetora (00:04:58–00:06:59). Logo a seguir, vê-se a mesma cena, mas agora com a câmara situada atrás da inspetora, sendo Maria o foco visual da atenção através dos primeiros planos do seu rosto (00:07:00–00:08:03). Como assinalou Arenas, as tensões e os mal-entendidos escalam por falta de uma língua comum. A barreira linguística desfavorece Maria prática e legalmente, o que deriva numa série de ações arbitrárias e abusivas. Ao mesmo tempo, a protagonista é alvo

---

13 Seguindo o conceito foucaultiano de "dispositiv" (*apparatus*, na tradução inglesa) entende-se por "migration apparatus" todas aquelas práticas diárias levadas a cabo pelos funcionários de migração para unificar os canais legais para os migrantes laborais, ao mesmo tempo que tentam reprimir a migração ilegal (cf. Feldman 2011).

14 Treffaut aponta que "[O] filme mostra como um estrangeiro é interrogado, suspeito de querer ir trabalhar no país somente com visto de turismo e ainda com todos os preconceitos que pesam sobre uma mulher bonita – nesse caso – cujo marido é negro e africano. São suspeitas de tráfico humano e eventual prostituição que estão na cabeça da polícia e dos médicos, e que acontecem com grande frequência". Cf. https://blog.saraiva.com.br/um-olhar-sobre-o-cinema-portugues/ [último acesso: agosto 2019].

de comentários desdenhosos por parte das autoridades, alguns ainda na sua própria presença, aproveitando-se do facto de ela não compreender a língua portuguesa. Desta forma, torna-se vítima de um tipo de "violência linguística" (Rosello 105, citado em Arenas 2017, p. 159). Estes comentários desumanizam ou reduzem Maria a um mero objeto, como quando, referindo-se a ela, a inspetora diz por telefone ao seu superior: "Ainda estou no aeroporto com um caso daqueles" (00:10:34–00:10:36). Ou quando é descrita como "aperaltada, parece uma boneca" (00:10:42–00:10:44), e o seu marido como "retinto": "O marido é africano. Sim, retinto. Com passaporte do Senegal" (00:10:56–00:10:58).

Por um lado, o facto de Maria não falar português, inglês ou francês converte-a, aos olhos da inspetora, em alguém sem língua, sem capacidade de comunicar: "Ela está à minha frente, mas não percebe nada. Ela não fala língua nenhuma, coitada" (00:11:08–00:11:10), diz a inspetora aludindo às dificuldades de comunicação com a protagonista. Esta afirmação sublinha o perigo que correm os migrantes que, pelo facto de não falarem a língua (ou línguas) do país, podem ser considerados, desde a perspetiva da sociedade recetora, pessoas "sem voz", mas também revela um preconceito linguístico que passa por interiorizar a superioridade (ou aqui maior validez) de umas línguas face a outras: o português (a língua oficial de Portugal e, portanto, língua de poder do "dispositivo migratório") e o inglês (hoje língua de comunicação global). O facto de Maria dominar o russo e o ucraniano, duas línguas estranhas para a inspetora (e neste contexto, supostamente ligadas a um caso de tráfico humano), não parece ter valor para a inspetora, para quem Maria continua não tendo língua nem voz. Por outro lado, o uso do francês, língua materna de Gregor (e também dominada pela inspetora), não lhe é permitido, sendo obrigado a falar português com ela.

No percurso da narrativa, a língua russa é ainda alvo de vários ataques: em primeiro lugar, a certidão de casamento de Maria e Gregor é desqualificada pela inspetora por se encontrar em língua russa: "Senhor Gregoire, isto está em russo. Não prova nada. Nós, em Portugal, só aceitamos documentos em português" (00:14:31–00:14:37). E em segundo lugar, num momento em que, após o reencontro, o casal está a falar brevemente em russo, ela proíbe-os de falar nessa língua ("parlez pas russe"), obrigando Gregor a agir informalmente de intérprete entre a sua mulher e a inspetora (00:27:14–00:27:27). Como observou Derrida em "Foreign Question" (*Of Hospitality* 2000), a língua não pode ser desligada do nível mais básico de hospitalidade e, de facto, quem rejeita a língua de alguém já está a rejeitar a pessoa. Segundo Derrida, um dos aspetos mais notáveis é o desconforto do estrangeiro com a língua estranha, com a língua do outro. Por isso, o estrangeiro:

[...] always risks being without defense before the law of the country that welcomes or expels him [...]. He has to ask for hospitality in a language which by definition is not his own [...].

(Derrida em Derrida / Dofourmantelle 2000, p. 15)

Médico senegalês formado na Rússia, mas agora imigrante que trabalha como mão de obra na construção da Expo de Lisboa, Gregor acaba convertido em tradutor improvisado entre Maria, a sua mulher, e as autoridades fronteiriças, uma vez que estas não dispõem de um tradutor oficial por ser a passagem de ano. Para além do próprio facto de impor uma tradução que, como sustém Derrida (2000), supõe um primeiro ato de violência contra o estrangeiro, Maria é também vítima de outra série de abusos relacionados com a língua: por exemplo, no primeiro dia de retenção, ela não tem ao seu dispor um intérprete para comunicar com as autoridades e é levada pelos polícias a assinar um documento de conformidade de inspeção da sua bagagem, que ela não compreende pelo facto de estar escrito em língua portuguesa (00:20:18–00:20:58). No entanto, o momento culminante deste abuso acontece quando a inspetora lhe dá um documento para assinar (em português e sem tradução), o qual ela rejeita por não o entender (00:30:45–00:31:08). É só mais tarde que o espetador fica a conhecer que Maria ia ser alvo de engano deliberado por parte do próprio "dispositivo migratório". É por meio de Gregor, que lê o texto e depois o traduz a Maria, que se revela que o documento em questão é uma declaração, segundo a qual ela deixaria Portugal de livre vontade, por não contar com meios económicos suficientes para sustentar a estadia de um mês, o que, na verdade, não é o caso (00:34:00–00:35:53). Finalmente, em vez de atribuírem um advogado a Maria, oferecem-lhe um agente de viagens para levar a cabo a sua própria deportação, para a qual ainda deve pagar um bilhete em classe *business*. Nesta ocasião, Maria dispõe de um intérprete russo que serve de ligação ao agente de viagens, o qual, com a conivência das autoridades, abusa da sua situação privilegiada. O intérprete, porém, pouco pode fazer para ajudar Maria, que, no fim, paga a quantidade requerida e, contra a sua vontade, regressa a Moscovo no voo seguinte (01:00:42–01:02:02). Os intertítulos que antecedem os créditos finais desvelam que o filme se baseia numa história real e que a sua protagonista, Tanya, voltou a Portugal com o seu marido Kita.

Conclusões

Através das distintas estratégias que foram analisadas, quer diálogos e vozes em *off* em várias línguas, quer diálogos em português com sotaque estrangeiro, *Lisboetas* de Sérgio Tréfaut consegue criar uma "paisagem falada" plural fornecendo uma imagem realista da diversidade étnica, cultural e linguística da Lisboa dos primeiros anos do século XXI. É precisamente através da tensão entre a proximidade do português e a distância das línguas que não conhece que o espetador consegue desenvolver uma "imaginação multilingue" que abre o seu horizonte para outras formas de olhar e entender o mundo.

Falado em português, russo, francês e com alguns breves diálogos em inglês, poder-se-ia dizer que *Viagem a Portugal* oferece uma "paisagem falada" multilingue muito diferente da que se mostra no documentário *Lisboetas*, mas com um efeito semelhante: assim, fomenta também a "imaginação multilingue" no espetador, o qual, através do enredo, assiste aos abusos e discriminações a que a personagem de Maria Itaki é submetida e que, em parte, são originados e potenciados por razões linguísticas. Neste caso, a incomunicabilidade tem consequências devastadoras para a protagonista que, desde o primeiro minuto em que aterra em Portugal, é tratada como uma criminosa e acaba por se tornar vítima do próprio dispositivo migratório. Ao evidenciar os abusos a que podem ser submetidos os imigrantes nestes espaços liminares, nos quais opera um limbo legal, e ao enfatizar o destacado papel da língua como elemento central da hospitalidade, o espetador identifica-se com Maria – personagem de ficção, mas inspirado numa pessoa real –, e, por conseguinte, com o sujeito imigrante, tornando-se mais ciente da sua vulnerabilidade.

Como assinala Michael Gott, em *Viagem a Portugal* o binarismo entre dentro e fora é posto em causa pela escolha de Maria de Medeiros como protagonista, que teve de aprender russo para representar o papel da imigrante Maria (Gott 2018, p. 189). Assim, segundo este autor, o simbolismo de um *insider* interpretar o papel do outro – aqui, o imigrante – ajuda a desconstruir a ideia de uma identidade portuguesa monolítica, noção que, como já foi comentado, se encontra muito presente no próprio título e na mensagem de *Lisboetas*. Apesar das grandes diferenças argumentais, estéticas e de género cinematográfico, ambos os filmes podem ser interpretados como um *continuum*, se tivermos em conta que partilham um objetivo comum: pôr em causa o conceito essencialista das identidades nacionais num mundo cada vez mais globalizado, onde a migração se torna central na formação de novas identidades transnacionais. Neste sentido, os dois trabalhos fazem parte de uma nova tendência a que poderíamos chamar "cinema de migração poliglota" e que, entre outros, visa fomentar a imaginação multilingue do espetador.

Bibliografia

Abecassis, Michaël: "The Voices of Pre-War French Cinema: From Polyphony Towards Plurilinguism". In: Berger, Verena / Komori, Miya (eds.): *Polyglot Cinema. Migration and Transcultural Narration in France, Italy, Portugal and Spain*. Viena: LIT 2010, pp. 33–47.

Arenas, Fernando: "Lisbon Stories: Migration, Community and Intercultural Relations in Contemporary Cinema and Literature". *Journal of Lusophone Studies* 2(1) 2017, pp. 144–164.

Ballesteros, Isolina: *Immigration Cinema in the New Europe*. Bristol: Intellect 2014.

Balázs, Béla: *Early Film Theory: 'Visible Man' and 'The Spirit of Film'*. Oxford: Berghahn Books 2010.

Berger, Verena / Komori, Miya: "Introduction: Moving Pictures from a Modern Babel". In: Berger, Verena / Komori, Miya (eds.): *Polyglot Cinema. Migration and Transcultural Narration in France, Italy, Portugal and Spain*. Viena: LIT 2010, pp. 7–12.

Berger, Verena: "Voices Against the Silence: Polyglot Documentary Films from Spain and Portugal". In: Berger, Verena / Komori, Miya (eds.): *Polyglot Cinema. Migration and Transcultural Narration in France, Italy, Portugal and Spain*. Viena: LIT 2010, pp. 211–225.

Berghahn, Daniela / Sternberg, Claudia (eds.): *European Cinema in Motion. Migrant and Diasporic Film in Contemporary Europe*. London: Palgrave Macmillan 2010.

Betz, Mark: *Beyond the Subtitle: Remapping European Art Cinema*. Minneapolis: University of Minnesota Press 2009.

Chion, Michel (Claudia Grobman, ed. e trad.): *Audio-vision. Sound on Screen*. New York: Columbia UP 1994 [1990].

Derrida, Jacques / Dufourmantelle, Anne (Rachel Bowlby, trad.): *Of Hospitality. Anna Dufourmantelle Invites Jacques Derrida to Respond*. Stanford, CA: Stanford UP 2000.

Deveny, Thomas G.: *Migration in Contemporary Hispanic Cinema*. Lanham, MD: Scarecrow 2012.

Dwyer, Tessa: "Universally Speaking: Lost in Translation and Polyglot Cinema". *Linguistica Antverpiensia* (Fictionalising Translation and Multilingualism) 4 2005, pp. 295–310.

Castiello, Chema: *Los parias de la tierra: inmigrantes en el cine español*. Madrid: Talasa 2005.

Feldman, Gregory: *The Migration Apparatus. Security, Labor, and Policymaking in the European Union*. Stanford: Stanford UP 2011.

Gimeno Ugalde, Esther: "Multilingual Iberia in Twenty-First Century Cinema: Iberian Polyglot Films and Multilingual Imagination". *International Journal of Iberian Studies* 32(1–2) 2019, pp. 83–97.

Góis, Pedro / Marques, José Carlos: "Retrato de um Portugal migrante: a evolução da emigração, da imigração e do seu estudo nos últimos 40 anos". *e-cadernos CED* 29 2018, em https://journals.openedition.org/eces/3307 [último acesso: 15/04/2020].

Góis, Pedro / Marques, José Carlos: "A evolução do sistema migratório lusófono. Uma análise a partir da imigração e emigração portuguesa". *Revista Internacional em Língua Portuguesa* 24 2011, pp. 213–231.

Gott, Michael: "Lost in Transit or Ready for Takeoff?: Airport Cinema and European Identity". *Studies in European Cinema* 15 (2–3) 2018, pp. 180–197.

Guillén Marín, Clara: *Migrants in Contemporary Spanish Film*. New York: Routledge 2018.

Kealhofer-Kemp, Leslie: *Muslim Women in French Cinema: Voices of Maghrebi Migrants in France*. Liverpool: LUP 2015.

Kramsch, Claire: *The Multilingual Subject: What Foreign Language Learners Say about their Experience and Why it Matters*. Oxford: Oxford UP 2009.

Loshitzky, Yosefa: *Screening Strangers: Migration and Diaspora in Contemporary European Cinema*. Bloomington: Indiana UP 2010.

Martínez-Carazo, Cristina: "Immigration and Plurilingualism in Spanish Cinema". In: Berger, Verena / Komori, Miya (eds.): *Polyglot Cinema. Migration and Transcultural Narration in France, Italy, Portugal and Spain*. Viena: LIT 2010, pp. 157–171.

Martinho Ferreira, Patrícia: "Quem são estes *Lisboetas*? Um retrato da experiência migrante em Lisboa", *Annual Meeting of the American Comparative Literature Association* (ACLA), New York University, março 20–23, 2014.

Naficy, Hamid: *An Accented Cinema: Exilic and Diasporic Filmmaking*. Princeton, NJ: Princeton UP 2001.

O'Healy, Áine: *Migrant Anxieties. Italian Cinema in a Transnational Frame*. Bloomington: Indiana UP 2019.

O'Sullivan, Caroline: "Multilingualism at the Multiplex: A New Audience for Screen Translation?". *Linguistica Antverpiensia* 6 2007, pp. 81–95, em https://lans-tts.uantwerpen.be/index.php/LANS-TTS/article/view/181/112 [último acesso: 15/04/2020].

Overhoff Ferreira, Carolin: "Identities Adrift: Lusophony and Migration in National and Trans-national Lusophone Films". In: Berger, Verena / Komori, Miya (eds.): *Polyglot Cinema. Migration and Transcultural Narration in France, Italy, Portugal and Spain*. Viena: LIT 2010, pp. 173–191.

Phillis, Philip-Edward: *Greek Cinema and Migration, 1991–2016*. Edinburg: Edinburg UP 2020.

Prata, Ana Filipa: "Waiting Zones and Black Holes: An Analysis of the Airport Setting in *Journey to Portugal*". *Crossings: Journal of Migration & Culture* 8(2) 2017, pp. 163–174.

Rêgo, Cacilda / Brasileiro, Marcus (eds.): *Migration in Lusophone Cinema*. New York: Palgrave Macmillan 2014.

Rings, Guido: *The Other in Contemporary Migrant Cinema. Imagining a New Europe?* New York: Routledge 2016.

Roy, William G. / Dowd, Timothy J.: "What is Sociological about Music?". *Annual Review of Sociology* 36 2010, pp. 183–203.

Schrader, Sabine / Winkler, Daniel (eds.): *The Cinemas of Italian Migration: European and Transatlantic Narratives*. Cambridge: Cambridge Scholars 2013.

Stam, Robert: "Bakhtin, Polyphony, and Ethnic / Racial Representation". In: Friedman, Lester D. (ed.): *Unspeakable Images: Ethnicity and the American Cinema*. Urbana, Chicago: University of Illinois Press 2001, pp. 251–276.

Tarr, Carrie: *Reframing Difference: Beur and Banlieue Filmmaking in France*. Manchester: Manchester UP 2005.

Trifonova, Temenuga: *The Figure of the Migrant in Contemporary European Cinema*. London: Bloombsbury 2020.

VV.AA. (Trama Group): "Linguistic Diversity in Spanish Immigration Films. A Translational Approach". In: Berger, Verena / Komori, Miya (eds.): *Polyglot Cinema. Migration and Transcultural Narration in France, Italy, Portugal and Spain*. Viena: LIT 2010, pp. 15–29.

Wahl, Chris: "Discovering a Genre: The Polyglot Film", *Cinemascope* 1 2005 em http://www.cinemascope.it/ Não disponível.

Filmografia

Tréfaut, Sérgio: *Viagem a Portugal*. Portugal 2011. (75 min.)

Tréfaut, Sérgio: *Lisboetas*. Portugal 2004. (104 min.)

Tréfaut, Sérgio: *Novos Lisboetas*. Portugal 2003. (filme-instalação) (25 min.)

Robert Stock

Práticas documentais e a Lisboa pós-colonial: *Juventude em Marcha* de Pedro Costa

É sobre descobrirmos juntos o que queremos fazer.

(Pedro Costa)[1]

Introdução

Os filmes de Pedro Costa confrontam-nos com questões iminentes sobre as vidas precárias dos migrantes em Portugal e desigualdades sociais (Pantenburg 2010; Cunha / Ribas 2016). O bairro das Fontaínhas, que já não existe, é um dos locais importantes em filmes como *No quarto da Vanda* (2000) ou *Juventude em marcha* (2006). Ali moraram portugueses e migrantes dos PALOP, principalmente de Cabo Verde (Batalha 2008) e muitos deles foram sujeitos a políticas de realojamento. Cabo-verdianos e outros migrantes oriundos das antigas colónias chegaram em três fases distintas a Portugal (Batalha 2008; Arenas 2012, p. 172). Entre 1955 e 1973, vieram cerca de 80.000 pessoas de Cabo Verde. Depois da revolução de 1974 e da descolonização política, mais pessoas dessas regiões chegaram a Portugal. Nos anos 80 e 90, assistiu-se a outra fase, na qual chegaram não apenas migrantes dos PALOP, mas também do Brasil e dos países da Europa de Leste.

Os filmes de Costa não se caraterizam por um modo explicativo ou pedagógico. Também não correspondem a um olhar ativista que talvez incentivasse protestos:

> Pedro Costa's camera never once takes the usual path from the places of misery to the places where those in power produce or manage it. We don't see in his films the economic power which exploits and relegates, or the power of administrations and the

---

1 "Es geht darum gemeinsam herauszufinden, was wir machen wollen" (Costa em Seeßlen 2016). Todas as traduções do alemão são do autor.
Este artigo é uma versão revista e traduzida de "Dokumentarische Praktiken und das postkoloniale Lissabon. *Juventude em marcha* von Pedro Costa". In: Pinheiro, Teresa / Sartingen, Kathrin (eds.): *Alles andere als unsichtbar / Tudo menos invisível*. Frankfurt: Peter Lang 2017, pp. 117–138.

police, which represses or displaces populations. We never hear any of his characters speaking about the political stakes of the situation, or of rebelling against it.

(Rancière 2012, p. 166)

Filmes como *Ossos* (1997), *No quarto da Vanda* (2000) ou *Juventude em marcha* (2006) salientam antes, e em primeiro lugar, que Fontaínhas ou outros bairros periféricos permitem "várias formas de convivência social" (Arenas 2012, p. 183). Consequentemente, o procedimento de Costa revela, como sugerem Daniel Ribas ou Paulo Cunha, uma "postura pós-revolucionária" (Cunha / Ribas 2016, p. 13).

Poder-se-ia opinar que os filmes de Costa permitem um "olhar" sobre um ambiente precário específico, caraterizado por pobreza e exclusão social. Neste sentido, Fernando Arenas escreve que "the world portrayed by Costa is largely shut off from mainstream culture, thus remaining unfamiliar to most Portuguese" (Arenas 2012, p. 177). Considero importante esta observação. No entanto, note-se que Costa discorda da noção clássica de documentário (Crespo 2013, s.p.). Para ele, as imagens cinematográficas resultam de um processo longo e complexo. Não se trata de meras representações. Na reflexão que se segue, irei elaborar esse argumento em mais detalhe em relação a *Juventude em marcha*, não sem antes desenvolver algumas considerações a respeito da radicalidade de Costa, da "forma de produzir e representar inteiramente diferente" (Hagener / Kaiser 2016, p. 4), que condiciona atos cinematográficos comuns (Brombach 2016, p. 29), ou seja, um espaço sociotécnico de ação colaborativa.

Desta forma, sugiro mapear a Lisboa fílmica de Costa como um terreno póscolonial e um cenário para pôr em questão a história da migração em Portugal. Segundo Sally Faulkner e Mariana Liz, refletir o cinema e o modo performativo (ou fílmico) do pós-colonial significa "rethink [...] colony and postcolony [...] to shape a new narrative of national identity and to have an impact on mentalities, individuals and societies" (2016, p. 6). Além disso, proponho questionar esses processos e a forma como estão ligados intrinsicamente às experiências heterogéneas das migrações luso-africanas (Morier-Genoud / Cahen 2013). É uma proposta para mergulhar – através dos parágrafos que se seguem – nas águas do Tejo, onde ainda se reflete a imagem de *A cidade branca*, o conhecido filme de Alain Tanner de 1983 (Loude 2005, p. 260), mas onde, hoje em dia, também se fazem ouvir não apenas as vozes da margem sul, mas também dos luso-africanos e outros migrantes que habitam ou frequentam os espaços no centro da cidade. Essa Lisboa produzida através do audiovisual na obra costiana transgressa e destabiliza a ideia da capital como lugar urbano, "where homes are built, where families spend their days" (Liz 2020, p. 95). Ou seja, quando se consideram cartografias da capital lusa como aquelas de Costa, feitas por imagens migratórias em movimento e múltiplas sonoridades, o imaginário da cidade branca começa a diluir-se em fragmentos frágeis e deslocados, cujos traços multicoloridos chamam a nossa atenção para a sua dimensão pós-colonial.

O filme como trabalho colaborativo

De Cabo Verde para Fontaínhas

Durante a sua atividade de realizador, a forma de trabalhar de Pedro Costa foi mudando radicalmente. Ele distanciou-se do trabalho cinematográfico chamado comercial e profissional, começando a dedicar-se às práticas colaborativas fílmicas envolvendo tecnologias digitais e atores não-profissionais com experiências migratórias entre Cabo Verde e Portugal (Cabo 2009). Estas práticas documentais incluem câmaras, atores, realizadores, técnicos e espaços arquitetónicos. Através de uma justaposição de elementos heterogéneos, as suas práticas geram uma textura desarrumada, a *messy assemblage*: observam-se laços imprevisíveis entre vidas marginalizadas, atuações diárias e tecnologias fílmicas – que renegam uma explicação absoluta, seja da pobreza nos bairros periféricos da capital portuguesa, seja do fenómeno da migração (Costa e Neves 2014).

Nas rodagens de *Casa de lava* (1994) em Cabo Verde, Costa entrou em contato com vários residentes daquele arquipélago. Mais tarde, o realizador e a sua equipa levaram cartas e encomendas das pessoas que encontraram para os seus familiares e amigos em Portugal. Costa lembra-se que a maioria das cartas tinham destinatários em "Fontainhas, Benfica, Damaia, Estrela d'África, Cova da Moura [...]. [In the 1990s] these neighborhoods were tough [but] we went there and we were [very well received]. [...] Since then [...] I've never left [Fontaínhas]" (citado em Jorge 2014, p. 49).

Esse processo de conhecer as realidades fora daquela Lisboa onde viveu, levou Costa a questionar as condições de vida nos bairros periféricos e, mais importante, teve consequências no seu trabalho cinematográfico. Desde então, Costa afirma que nunca mais deixou de se debruçar sobre as relações sociais e o dia-a-dia dos migrantes em Lisboa nos seus filmes (ibid.).

O filme *Ossos*, que contou com a participação de atores profissionais e não-profissionais, efetuou várias mudanças no método de trabalho de Costa (ibid.), incitadas em grande parte pelas suas conversas com a atriz Vanda Duarte (da Costa 2009, pp. 24–25), e a crítica desta à maquinaria complexa da produção cinematográfica. Foi também ela uma das atrizes que mais discutiu com Costa as suas indicações e ideias de como realizar certas cenas (ibid.). De certa forma, ela constituiu uma impertinência para o realizador, resistindo aos testes em frente da câmara e desafiando-o (Benjamin 2006, pp. 23–24). No entanto, Duarte também contribuiu assim para que Costa iniciasse um modo diferente de pensar o filme. O próprio realizador levantou dúvidas em relação à maneira profissional de fazer filmes, quando – nas rodagens de *Ossos* – os camiões com o equipamento não conseguiam manobrar nas ruas estreitas de Fontaínhas (Neyrat 2010, s.p.).

Cumplicidade cinematográfica

No quarto da Vanda marca mais uma cesura significativa na filmografia de Pedro Costa. Apesar do sucesso comercial de *Ossos*, o realizador despediu-se do modo profissional de fazer cinema. Nos anos de 1998 e 1999, ele trabalhou principalmente com Vanda Duarte (da Costa 2009, pp. 24–25) e a sua casa nas Fontaínhas converteu-se no local mais importante dessa colaboração. A falta de um guião estrito ou de uma máquina de produção cinematográfica complexa permitiu que ambos se concentrassem na vida quotidiana, nos vícios da droga e interações entre as pessoas do bairro. Durante as rodagens, o bairro Fontaínhas foi demolido. Os habitantes foram realojados no Casal da Boba, um bairro social recentemente construído (Jorge 2014, p. 50).

Desde então, o modo de trabalho de Costa enfrenta criticamente a relação tradicional entre realizador e ator, enfatizando um processo de negociação que se opõe aos condicionamentos pelo guião, aos panos de fundo ou à dependência de tecnologias avançadas profissionais. O seu método também emergiu da interação com câmaras e gravadores portáteis e digitais (Quandt 2009, p. 37). João Lopes afirma que:

> [...] a utilização de uma câmara digital está muito para além da eventual preocupação de construir um olhar documental sobre a vida num espaço socialmente marginalizado [...]. O digital é, aqui, um passo essencial de uma estratégia de aproximação de pessoas e lugares e, mais do que isso, de construção de peculiares formas de cumplicidade cinematográfica.
>
> (Lopes 2001, p. 4)

O filme *No quarto da Vanda* surge, portanto, graças a esta "cumplicidade cinematográfica" entre uma câmara DV da Panasonic, o realizador e Vanda Duarte. Trata-se de uma colaboração fílmica ancorada num pequeno quarto de uma casa nas Fontaínhas que marca o horizonte desta produção.

Um cinema devagar

O digital também condicionou a possibilidade de rodar planos longos. No caso de *Juventude em marcha*, de 320 horas de material, 170 minutos foram usados no filme final. Como cada plano dura entre 30 e 60 segundos, trata-se de um filme extremamente calmo, sem grandes diálogos ou ação, o que a montagem e *mise-en-scène* sublinham. É um estilo minimalista que carateriza o *slow cinema* de Costa (Quandt 2009, p. 33) e que constitui a base fundamental dos seus filmes:

> Costa reinvented a solitary, craftsmanlike cinema, operating at the pace of everyday life: going into the neighborhood each morning, looking, working, doing nothing, picking from the stream of life and energy flowing before the camera something that might give rise to a scene. And then repeat it, do it over – up to twenty times – until the beauty and the intellectual and imaginary power of a sculpted reality made dense and musical are revealed.
>
> (Neyrat 2010, s.p.)

Dessa maneira, Costa opõe-se à perspetiva fílmica e estética do chamado "DV Realism" (Manovic 2001). Esse último género recusa efeitos especiais ou luz artificial; os seus realizadores preferem a improvisação durante a rodagem e dão preferência ao uso da câmara de mão. Por oposição ao "DV Realism", Costa recusa de forma absoluta imagens tremidas e enfatiza uma iluminação cuidadosa das cenas (Manovic 2001, p. 348). Nas suas palavras:

> I use Panasonic. [...] It's a good tool. But I will not do what it tells me to do. What they are telling me to do is to move it very fast, to turn it around and use it quickly, and I'm trying to use it very slowly.
>
> (Costa em Eguchi 2008, s.p.)

Assim, os planos em *No quarto da Vanda* caraterizam-se por uma iluminação concisa e encenação baseada em repetição (Quandt 2009, p. 33).

Outro aspeto ligado ao trabalho com o formato Mini DV prende-se com o tamanho de equipa de produção. Através desta tecnologia o realizador tem a oportunidade de trabalhar sozinho com os atores (possivelmente com um técnico de som, cf. Weingartner em Kirchner 2011, p. 345).

Enquanto esse conceito do "DV Realism" diz muito sobre um cinema comercial dos anos 2000, que descobre novos meios através do digital, mas continua a trabalhar à base de guião e todas as outras implicações desta forma de produção, o método de Costa questiona o aparelho de produção e explora as relações possíveis entre pessoas que participam no projeto cinematográfico de uma outra maneira. Considerando *No quarto da Vanda*, a produção levanta questões existenciais respeito às possibilidades precárias de sobreviver à beira da capital portuguesa. O filme

> [...] põe em cena esse tipo de pessoas reais/personagens, que filma com a maior dignidade, sem no entanto dissimular a dureza dos constrangimentos que uma vida severa faz pesar sobre elas.
>
> (Lémière 2009, p. 107)

É de salientar que a produção de *No quarto de Vanda* teve lugar num contexto político-social difícil, onde experiências migratórias, exclusão e pobreza bem como tráfico e consumo de drogas predominam. Cláudia Tomaz, então assistente de Pedro Costa, recorda as rodagens:

> The conditions were physically and humanly difficult, it was cold, people lived in extreme poverty, some people were becoming homeless and displaced, there was the drugs routine… We had to keep up with it all and try to film it on a daily basis the best we could, sometimes it was challenging to be just an observer/filmmaker.
>
> (Tomaz em Jorge 2016, p. 176)

Segundo Tomaz, realizar a rodagem não era apenas usar a câmara, captar o som ou prestar atenção à *performance* dos atores. Fazer o filme, neste caso, implicava enfrentar as realidades quotidianas das pessoas naquele bairro. As práticas fílmicas correspondem aqui a exigências e desafios fora de uma relação puramente profissional: a colaboração entre a equipa do filme, por um lado, e os atores não-profissionais que, segundo Thomas Elsaesser (2005, pp. 124–125), se podiam designar como "abject heroes", ou seja, protagonistas cujas estórias se situam em trabalho e situações de vida precárias, *milieu* de droga ou prostituição.

O desmontar das hierarquias nas relações cinematográficas

Costa e a sua equipa trabalham durante muito tempo com as mesmas pessoas. Eles aceitam de se preocupar com os moradores de Fontaínhas e outros bairros numa base diária. O realizador conta que costumava ir de autocarro a Fontaínhas todos os dias para rodar cenas e passar tempo ali. Este processo fez com que surgissem práticas documentais específicas que se baseavam em contatos pessoais com as pessoas e a materialidade particular do bairro. Deste modo, os atores convidam Costa para participar na vida deles, aceitam de fazer cinema com ele[2].

---

2   "In five weeks, you talk about everything except the film. You talk about girls, cars and money like in every shooting and you just hope it's over soon. When you spend a year and half with the film, you are just there and life is much more together. You

Estes contatos frequentes durante as rodagens criaram também a oportunidade de um encontro entre Costa e Ventura. Surgiu, dessa forma, a questão da história e das estórias dos habitantes do bairro – fossem eles de origem cabo-verdiano ou português, depois de *No quarto da Vanda* tinha mapeado uma situação contemporânea e Fontaínhas ter sido demolido. A figura de Ventura representa uma geração de primeiros migrantes cabo-verdianos que chegaram antes de 1974 a Portugal. A relação entre Ventura e Costa não foi fácil e caraterizou-se por desentendimentos, como afirma o próprio realizador[3]. Contudo, Costa enfatiza:

> There was a real collaboration between me and him […]. […] He's thinking about something when he does this and I say, then you should say something, and then he says it in a way I do not expect, so this is a good collaboration. Again, it escapes your direction. I like people that escape my direction.
>
> (Costa em Eguchi 2008, s.p.)

Portanto, o trabalho fílmico baseia-se num processo comunicativo entre ator e realizador. É a partir dali que resulta a *performance* num local específico que possa ser rodado. E, aparentemente, Costa não se mostra interessado para se impor contra os atores que participam nos seus projetos. O que pode potencialmente acontecer em frente da câmara é sujeito a um processo de negociação constante e duradouro onde participam os atores, o realizador, técnicos e equipamento – todos situados numa materialidade particular e situação político-social[4].

A de-hierarquização que Costa imagina também está relacionada com o financiamento dos projetos. Num comentário sobre *Juventude em marcha*, ele explica: "I do need a budget. Basically, to pay people. Everybody gets the same. Me, the sound [technician], my friend, Ventura, everybody. Every month. Like in a factory" (citado em Costa 2014, p. 66).

---

have lots of other things. You have people who are born, people who die and seasons change. So the film becomes, really, almost organic. You don't really think about the film. Or you think about the film and life at the same time. So it's good. It's because it brings down the importance of cinema (suspiciously)" (Costa em Eguchi 2008, s.p.).

3   "It's tough. It's sometimes difficult. We fight, or I try to do something and he can't, and he tries to do something, and I don't understand, like any working relationship" (Costa em Eguchi 2008, s.p.).

4   Costa afirma: "É preciso dizer que nenhuma destas cenas foi inventada apenas por mim: foi organizada por mim e por eles. Eu não escrevi uma só palavra, limitei-me a organizar um pouco o que eles queriam dizer" (citado em Costa 2014, p. 66).

O trabalho artístico de fazer um filme está a ser comparado com as atividades profissionais em oficinas ou até fábricas, ou seja, com atividades monótonas e repetitivas. No entanto, poder-se-ia dizer que, no final das rodagens, existe a matéria-prima a partir da qual pode emergir o filme como obra de arte.

Juventude em marcha: Ventura e as histórias da migração em Portugal

Enquanto a primeira parte deste artigo se debruça sobre as práticas digitais e documentais de colaboração, a segunda parte vai refletir como o método de trabalho de Pedro Costa se faz notar nas imagens, narrativas e sons, particularmente em relação à questão da experiência migratória. Assim, a seguinte análise questiona as práticas documentais de *Juventude em marcha*. Quais são os espaços que o filme visita para pôr a história de Fontaínhas e os seus habitantes em cena? Como aparecem as figuras do filme naqueles espaços e como são problematizados os aspetos de migração, deslocalização e comunidade?

Uma comunidade multicultural e deslocada

Juventude em marcha retrata movimentos imprevisíveis que ocorrem no contexto do processo de realojamento de Fontaínhas para Casal da Boba, ao qual as pessoas participantes no filme, e muitos outros, são sujeitos (Quandt 2009, p. 37; cf. Ascenção 2012 e 2015). Figuras como Nhurro[5] perderam as suas casas e vagueam por territórios urbanos incertos. Ventura, abandonado pela sua mulher Clotilde, está à procura dos seus filhos que são de várias origens. No entanto, o filme deixa em aberto qual é a relação familiar concreta de Nhurro e dos outros com Ventura dando um caráter de "pai 'fantasma'" (Hasumi 2009, p. 143)[6] ao protagonista principal. Ou seja, através de relações imaginadas e precárias, o filme cria uma imagem daquele bairro como uma comunidade multicultural caraterizada pela fragmentação, deslocação e incerteza.

Um dos *settings* principais do filme é, portanto, Fontaínhas, demolido durante as filmagens (Arenas 2012). Muitas das pessoas que ali moraram, foram viver para Casal da Boba, um bairro de habitação social. Esse bairro é o segundo

---

5   No filme, Bete afirma que Nhurro é parte de uma "juventude em marcha" que inclui todos aqueles que perderam a sua casa devido à destruição do bairro e subsequentemente ainda perambulam por esta área (Rector 2009, p. 219).

6   As crianças "are not his direct family kin, but the whole of Fontaínhas, reflecting the relations of an inclusive multicultural family" (Jorge 2014, p. 52).

espaço mais importante do filme. É ali que Vanda e a sua filha bebé moram num apartamento pequeno. Ventura visita-as algumas vezes. No entanto, a câmara enquadra a sua figura de tal maneira que sublinha extremamente o seu deslocamento e um sentimento de perda. Essa impressão é também enfatizada pela cena na qual Ventura encontra um empregado da administração para visitar várias casas, explicando repetidamente que precisa de um apartamento grande porque teria de viver ali com toda a sua família (00:23:37–00:26:44). Essa forma de refletir no audiovisual o novo ambiente em que as pessoas de Fontaínhas se inserem, ecoa um comentário do realizador:

> I began to visit the friends I had made in Fontaínhas [improvised neighborhood in Amadora] in their new white homes [in Boba]. We were all perplexed in the face of the ghostly décor, without life, without cafés, without commerce. Nothing. It was in this ambience that the film began, with eyes fixed on the white walls that belong to the residents because they didn't build them.
>
> (Costa em Faria 2006)

Ventura: uma estátua monumental

Uma cena que não corresponde à dicotomia espacial entre Fontaínhas e Casal da Boba passa-se na Fundação Calouste Gulbenkian, no Centro de Arte Moderna (CAM) (00:40:15–00:47:14). De repente, Ventura encontra-se nas salas de uma exposição, entre obras de arte, deitado num sofá ou no jardim da Gulbenkian (00:42:04–00:42:56). Referindo-se a esta cena, Jaques Rancière pergunta-se qual o objetivo teria a política fílmica se não fosse a estetização da miséria ou mobilização de um pensamento crítico-social que se manifesta a favor do melhoramento das condições de vida nos bairros periféricos (cf. Rancière 2012, p. 170; Brombach 2016, p. 33). A meu ver, a cena também nos convida a refletir sobre uma terceira hipótese.

A cena citada contem planos longos que convidam os espetadores a refletir sobre a relação entre esses elementos heterogéneos. Podem-se ver as obras *A Fuga para Egipto* (ca. 1613–1614) e *Retrato de Hélène Fourment* (ca. 1630–1632) de Rubens e *Retrato de um Homem* (ca. 1620–1621) de Van Dyck. No entanto, a atenção da câmara concentra-se na figura de Ventura que se encosta na parede entre as obras (00:40:41–00:41:38). Assim, o trabalho da câmara recontextualiza Ventura e as obras também. As últimas representam uma história da Arte europeia e as suas respetivas normas estéticas. A presença de um protagonista cabo-verdiano dá-lhes, porém, um acento diferente, abrindo dessa forma um espaço de crítica das práticas institucionalizadas museológicas (Muttenthaler / Wonisch 2006, pp. 13–68).

Essa encenação transforma a figura de Ventura. Até se poderia afirmar que ele se torna num objeto significante da exposição, num "objet d'art" (Arenas 2012, p. 177), que às vezes fica de modo pensativo num sofá antigo (00:42:04–00:42:56):

> Ventura becomes a sculpture in his own right. Through this juxtaposition Costa aims at relativizing canonized Eurocentric notions of aesthetic beauty, as he brings marginalized black shantytown dwellers such as Ventura to the center of high art, while figuratively collapsing the physical walls of the institution that men such as Ventura helped build.
>
> (Arenas 2012, p. 176)

Essa forma de pôr Ventura em cena, destaca-o. Os espetadores de Fontaínhas notaram isso, como conta o realizador[7]. No entanto, Ventura tem de sair do museu. O guarda diz-lhe para não se encostar à parede da exposição, não se sentar no sofá antigo, e até limpa o chão onde o protagonista passou. Consequentemente, a posição marginal do protagonista é sublinhada pela cena que o exclui desse espaço museológico.

O testemunho de Ventura

Ventura é expulso do museu. O final da sequência tem lugar no jardim da Gulbenkian e leva os espetadores a refletir sobre a historicidade daquele lugar e as histórias da migração em Portugal (00:43:32–00:47:14). A cena começa mostrando uma parte do jardim, enquanto a voz do protagonista soa em *off* (00:42:04–00:42:56). Conta que participou na construção do prédio do museu. Explica que chegou a Portugal em agosto de 1972 e começou a trabalhar nas obras. Pertence à primeira geração de migrantes das antigas colónias portuguesas em África que foi viver para Portugal num período de crescimento industrial e desenvolvimento urbano (Arenas 2012, p. 168):

> 19 August, 1972. I was on a big jet with 400 immigrants, plus the young girls, me and my cousin Augusto. Once up in the sky, he started to cry. They served us horse steak with Castelo Branco wine. He didn't eat. I ate his portion. At the airport, we met his uncle. He took us to Salitre Street. The next day, we started with Construção

---

7 "They were very proud of the film. Not artistically. That is something else. The artistic qualities of the film are for up. But just the fact that Ventura stands tall in the film. They were very proud of that. What they said was very funny. 'But Ventura, I see you every day in the bar, in the street, and you're always this guy, you're nothing, you're just hanging out, we've known you for years, and you're just a guy like that, but then in the film, you're so tall, so bright'" (Costa em Eguchi 2008, s.p.).

Técnica, at the Borges Bank downtown [Praça do Comércio]. I earned 1800 Escudos every two weeks. At the shacks, a parrot sang, 'Nigger, Nigger, Your stinking face!' I went to work for Amadeu Gaudêncio. They sent me here to the Gulbenkian. I earned 7500 Escudos, plus overtime. I made 16.000 plus the Christmas bonus. This was all brushwood here. Me and Correia the mason cleared it all away with the eucalyptus. Me and Correia laid down sewage pipes. Me and António the tiler laid the stones and the tiles [...].

(Juventude em marcha, 00:43:49–00:45:53)

O protagonista declama as suas memórias num tom lacónico, quase mecânico, pouco dramático. A cena em si destaca-se do resto do filme porque o protagonista – que é de poucas palavras – faz um discurso bastante longo. É uma narrativa que contem informações sobre a história dessa figura de um trabalhador imigrado. Falando sobre o passado dessa forma, Ventura torna-se num testemunho histórico. Por este motivo, o seu relato permite-nos pensar o projeto e o prédio da Gulbenkian e do CAM em relação à história da migração. O "pai fantasma" das Fontaínhas, como Daniel Eschkötter designa a figura de Ventura, ofusca – no sentido derridiano – a estrutura arquitetónica. Manifestam-se temporariamente os espectros da migração:

Os corpos fílmicos dessa poética fazem surgir efeitos históricos estranhos, teimosos, são monumentos do minoritário, remainder e reminder da história colonial e da migração em Portugal, montado em espaços visuais nos quais épocas históricas e temporalidades míticas se sobrepõem.

(Eschkötter 2016, p. 61)[8]

O relato de Ventura menciona os problemas da sua experiência migratória. Conta como foi envolvido num acidente grave: "I took a spill there. I slipped and fell off the scaffold" (00:47:03–00:47:14).

Enquanto Ventura se dirige ao guarda do museu, explicando as experiências pelas quais passou, a câmara não se move. É um plano longo focando aquele sítio onde Ventura caiu (ibid.). É um exemplo de relevo como filme, testemunho e arquitetura se juntam para fazerem surgir um espaço cinematográfico de memória emergente que, naturalmente, se distingue daqueles monumentos estatais e oficiais que se encontram nas praças principais das cidades ou museus e arquivos, como aliás menciona Pierre Nora nas suas reflexões sobre os "lugares de memória" (2007).

---

8   "Die filmischen Körper dieser Poetik sind eigensinnige Geschichtseffekte; sie sind Monumente des Minoritären, Wiedergänger, remainder und reminder der portugiesischen Kolonial- und Migrationshistorie, eingerichtet in Bildräumen, in denen sich geschichtliche Epochen und mythische Zeitlichkeiten überlagern".

Numa entrevista, Costa chama a atenção para o facto do acidente ter mudado completamente a vida de Ventura:

> [...] he couldn't work anymore, not in construction. [...] So he became a wanderer who just walked the neighborhood. [...] He has this pioneer side, this immigrant that comes with nothing, [...] The pioneering side and the tragic side. It's the tragedy that he is always a part of this immigrant history.
>
> (Costa em Eguchi 2008, s.p.)

No entanto, essa informação sobre a biografia do protagonista não está incluída no filme. Em *Juventude em marcha*, Ventura parece uma figura perdida, oscilando entre presente e passado. Conforme Hasumi,

> Para o Pedro Costa de *Juventude em marcha*, o imigrante Ventura é um fantasma da história, incapaz de viver no presente porque carrega aos ombros um fardo com várias camadas do passado que desapareceu.
>
> (Hasumi 2009, pp. 143–144)

O espaço museológico transformado

O filme não apresenta uma crítica explícita às condições de vida dos migrantes cabo-verdianos numa Lisboa pós-colonial que participaram na construção de novas infraestruturas, prédios, etc. Ainda assim, *Juventude em marcha* oferece uma outra perspetiva de olhar para o CAM e a Gulbenkian. Enquanto guias turísticas costumam mencionar o nome do arquiteto, John Leslie Martin, o filme insere a arquitetura num espaço urbano que está em mudança depois das rupturas de 1974. Ali, as reconfigurações e os espectros do colonialismo deixam-se ver e sentir através de práticas documentais. Dessa forma, o CAM é transformado de um local onde se exibe arte num *setting* exemplar para se confrontar com o que é o espaço pós-colonial da capital portuguesa. O CAM e a sua história são assombrados pelas estórias da migração cabo-verdiana em Portugal e entretecidos a nível de múltiplas temporalidades.

Vista assim, a sequência do museu e do testemunho no jardim apresenta uma possibilidade de pensar o espaço museológico como um *setting* de comunicação e encontros de várias estórias e pessoas diversas. Este espaço parece ter a capacidade de proporcionar uma conversa sobre o tema de migração incluindo até aquelas pessoas que viveram as experiências (Wonisch 2012; Whitehead 2015). Na verdade, essa possibilidade é uma especulação porque o filme de facto só levanta a pergunta, mas deixa em aberto a questão.

Fronteiras deslocalizadas: algumas conclusões

> *[...] devemos reconhecer que a exclusão ainda existe, e existe em uma escala massiva e em tamanhas formas de miséria que elas estão para além da descrição. Qualquer pessoa que ouse visitar as favelas das cidades da América do Sul [...] pode falar sobre isso. [...] Nenhuma pesquisa empírica é necessária. Quem quer que confie em seus olhos pode ver, e ver de forma tão impressionante que todas as explicações disponíveis irão falhar.*
>
> (Luhmann em Ribeiro 2013, p. 115)

Lembrei-me várias vezes dessa conhecida citação enquanto via os filmes de Pedro Costa e quando estava a escrever esse texto. Niklas Luhmann, o conhecido sociólogo, escreveu estas linhas nos anos 90 acerca de uma visita a um bairro de lata depois de uma viagem ao Brasil ainda sugerindo que "a diferença guia (*Leitdifferenz*) do próximo século [poderia ser]: inclusão e exclusão" (em Ribeiro 2013, p. 115; cf. Grizelj el at. 2014). Estas observações de Luhmann, que aqui não podem ser consideradas de uma maneira profunda, chamam a nossa atenção para o facto de que a marginalização social tem sempre repercussões espaciais. Este pensamento inclui diretamente processos migratórios enquanto motivos frequentes de construções periféricas e de bairros desprestigiados. Podem também resultar numa distinção dicotómica entre o interior e o exterior de um sistema, ou entre o centro urbano e a sua periferia – chamado favela, bairro de lata ou *banlieue*. Apesar do tom dramático de Luhmann, é importante tomar nota da sua descrição que nos exige reconhecer que existem formas de desigualdade e marginalização que têm caraterísticas específicas, que podem ser de acesso problemático, e que, por isso, constituem também um desafio aos métodos de descrição científica. No entanto, ao mesmo tempo que é importante que uma breve visita a um lugar estranho possa realinhar a nossa conceção do mundo ou conceção teórica, é indispensável perceber que a distinção rígida entre centro e periferia é, de facto, difícil de manter. As reflexões acima indicam, ao contrário, que a exclusão e inclusão definem-se reciprocamente em processos complexos, que as diferenças são realizadas e produzidas num modo performativo e, às vezes, audiovisual e que, para reconhecer tudo isto, é preciso um contato contínuo e trabalho intensivo de todos os sujeitos e objetos involvidos.

Descrever o modo de trabalho de Pedro Costa desde o filme *No quarto da Vanda* permite-nos, portanto, em primeiro lugar, ver que as tecnologias digitais oferecem oportunidades de trabalhar com equipas pequenas e criar outros laços entre todas as pessoas que participam do processo fílmico. A colaboração é um elemento essencial que possibilita práticas documentais. É um trabalho comum que coloca realizadores, técnicos, protagonistas, tecnologias e a materialidade do *setting* numa rede de relações imprevisíveis:

> Pedro Costa's filmic project attempts to level power asymmetries intrinsic to the relationship not only between film director and actors, centre and periphery, national citizen and immigrant, but also in connection to race relations in societies in which Afro-descended peoples constitute a minority.
>
> (Arenas 2015, p. 361)

Enquanto os filmes e os processos que os antecederam nos confrontam com práticas documentais e reflexões sobre formas de convivialidade nas margens, eles não oferecem uma crítica aberta e política. Mas eles – mesmo com os seus muitos silêncios e espaços vazios – criam dúvidas no que diz respeito às dificuldades, desigualdades sociais ou injustiças ligadas aos processos migratórios (Jorge 2014, p. 42).

Em segundo lugar, a minha análise propõe que *Juventude em marcha* nos pode fazer refletir sobre o espaço urbano da capital portuguesa. A dicotomia entre bairro periférico e bairro social é posta em questão pela referência ao Centro de Arte Moderna. As cenas na exposição e no jardim da Gulbenkian sugerem que a fronteira entre as pessoas que migraram e a chamada sociedade maioritária não se encontra entre o centro da cidade e aquilo que se conhece como Grande Lisboa. Em relação a essa sequência do filme, poder-se-ia dizer que a fronteira – que também tem um impacto na questão de quem pertence aonde – antes tem origem no meio da sociedade.

A Lisboa pós-colonial, portanto, não se procura apenas na Grande Lisboa, na Amadora, Cacém e por aí fora (Arenas 2015). O filme marca mesmo o centro como uma parte que pertence à "cidade negra" descrita por Jean-Yves Loude (2005) e outros[9]. A Lisboa dos "alfacinhas" parece tornar-se cada vez mais numa Lisboa luso-africana (cf. Marques 2014).

---

9   Loude (2005) apresenta uma descrição poeto-etnográfica da cidade de Lisboa enquanto se interessa sobretudo pela experiência migratória das pessoas sobre as quais escreve. Analisa a ligação entre o espaço urbano e o pós-colonial, considerando lugares como Rossio, Bairro Alto, Campo Pequeno, Parque Eduardo VII, Cais do Sodré ou Cacilhas. O autor relata ainda que a população de Lisboa no século XVI continha 10 por cento de origem africana e que os números demográficos atuais se assemelhavam àquele tempo histórico (Loude 2005, p. 260). Daí a ideia de falar de uma "cidade negra".

As fronteiras transformam-se, nesse caso, tornam-se móveis, defendem-se quase contra uma fixação e localização concreta. A distinção entre migrantes e portugueses é complementada pela crescente presença de afro-portugueses na capital portuguesa. Como Arenas escreve:

> In fact, Lisbon has become one of the most African cities in Europe boasting a significantly rich and dynamic cultural scene. Lisbon is doubtlessly the musical and literary capital of Lusophone Africa.
>
> (Arenas 2012, p. 173)

No entanto, a caraterização de Lisboa como um certo tipo de *melting pot* é problemática no momento em que levamos em consideração as práticas documentais de Pedro Costa. Não esqueçamos que muitos migrantes em Portugal, país que foi bastante marcado pela crise económica nos anos passados, frequentemente passam por situações de marginalização e até racismo como Joana Gorjão Henriques e outros sublinham (2016a; 2016b).

Filmes como *Juventude em marcha* desafiam-nos a enfrentar estas questões urgentes do nosso presente. Talvez, dessa forma, as práticas documentais possam contribuir para, como escrevem Malte Hagener e Tina Kaiser,

> [...] tornar o mundo num sítio melhor no sentido que eles [os filmes de Costa] orientam os espectadores para ver. Embora eles não façam isso através de um ato explícito pedagógico que motiva os espectadores para ações diretas, mas no que se mostra algo que diz respeito ao mundo e ao sujeito.
>
> (Hagener / Kaiser 2016, p. 3)[10]

Bibliografia

Arenas, Fernando: "Migrations and the Rise of African Lisbon: Time-Space of Portuguese (Post)coloniality". *Postcolonial Studies* 18(4) 2015, pp. 353–366.

Arenas, Fernando: "Cinematic and Literary Representations of Africans and Afro-descendants in Contemporary Portugal: Conviviality and Conflict on the Margins". *Cadernos de Estudos Africanos* 24(1) 2012, pp. 165–186.

Ascenção, Eduardo: "Slum Gentrification in Lisbon, Portugal: Displacement and the Imagined Futures of an Informal Settlement." In: Lees, Loretta / Shin,

---

10 "[...] die Welt zu einem besseren Ort zu machen, indem sie die ZuschauerInnen zum Sehen anleiten. Und zwar nicht in einem offen didaktischen Akt, der sie zum Handeln auffordert, sondern indem etwas gezeigt wird, etwas offengelegt wird, dass die Welt ebenso wie das Subjekt betrifft".

Hyun Bang / López-Morales, Ernesto (eds.): *Global Gentrifications. Uneven Development and Displacement*. Bristol, UK: Policy Press 2015, pp. 37–58.

Ascenção, Eduardo: "Depois das barracas. História e teimosia na cidade informal". *Le Monde Diplomatique*. Ed. Portuguesa, agosto 2012, pp. 10–12.

Batalha, Luís: "Cape Verdeans in Portugal". In: Batalha, Luís / Carling, Jørgen (eds.): *Transnational Archipelago: Perspectives on Cape Verdean Migration and Diaspora*. Amsterdam: Amsterdam UP 2008, pp. 61–72.

Brombach, Ilka: "Zur Idee gemeinschaftlichen Filmemachens bei Pedro Costa". In: Hagener, Malte / Kaiser, Tina (eds.): *Film-Konzepte 41. Pedro Costa*. München: edition text + kritik 2016, pp. 25–40.

Cabo, Ricardo Matos (ed.): *Cem Mil Cigarros. Os Filmes de Pedro Costa*. Lisboa: Orfeu Negro 2009.

Costa, José Bénard / Neves, José / Dias, Manuel Graça: "*Juventude em Marcha* de Pedro Costa 2006". In: Neves, José (ed.): *O Lugar dos Ricos e dos Pobres no Cinema e na Arquitectura em Portugal*. Porto: Dafne 2014, pp. 63–98.

Costa, João Bénard da: "O negro é uma cor ou o cinema de Pedro Costa". In: Cabo, Ricardo Matos (ed.): *Cem Mil Cigarros. Os Filmes de Pedro Costa*. Lisboa: Orfeu Negro 2009, pp. 15–27.

Crespo, Nuno: "Morrer mil mortes. Uma conversa entre Pedro Costa e Nuno Crespo". In: Costa, Pedro: *Casa de Lava. Caderno*. Lisboa: Pierre von Kleist 2013, s.p.

Cunha, Paulo / Ribas, Daniel: "Pedro Costa, portugiesischer Filmemacher". In: Hagener, Malte / Kaiser, Tina (eds.): *Film-Konzepte 41. Pedro Costa*. München: edition text + kritik 2016, pp. 5–24.

Eguchi, Kenichi: "Pedro Costa. The Trembling Moment". In: *Outside in Tokyo*, 02.04.2008, em http://www.outsideintokyo.jp/e/interview/pedrocosta/05.html [último acesso: 11/09/2020].

Elsaesser, Thomas: *European Cinema: Face to Face with Hollywood*. Amsterdam: Amsterdam UP 2005.

Eschkötter, Daniel: "Costas Nachleben". In: Hagener, Malte / Kaiser, Tina (eds.): *Film-Konzepte 41. Pedro Costa*. München: edition text + kritik 2016, pp. 60–69.

Faulkner, Sally / Liz, Mariana: "Portuguese Film: Colony, Postcolony, Memory.". *Journal of Romance Studies* 16(2) 2016, pp. 1–11.

Grizelj, Mario / Kirschstein, Daniela / Biti, Vladimir (eds.): *Riskante Kontakte. Postkoloniale Theorien und Systemtheorie?* Berlin: Kulturverlag Kadmos 2014.

Hagener, Malte / Kaiser, Tina: "Vorwort". In: Hagener, Malte / Kaiser, Tina (eds.): *Film-Konzepte 41. Pedro Costa*. München: edition text + kritik 2016, pp. 3–4.

Hasumi, Shiguéhiko: "Aventura: um ensaio sobre Pedro Costa". In: Cabo, Ricardo Matos (ed.): *Cem Mil Cigarros. Os Filmes de Pedro Costa*. Lisboa: Orfeu Negro 2009, pp. 133–145.

Henriques, Joana Gorjão: "Relatora da ONU sobre habitação em Portugal: 'Algumas das condições que vi são deploráveis'". *Público*, 13/12/2016, em https://www.publico.pt/2016/2012/2013/sociedade/noticia/nao-se-pode-demolir-uma-casa-sabendo-que-a-pessoa-vai-ficar-semabrigo-1754581 [último acesso: 11/09/2020].

Henriques, Joana Gorjão / Jerónimo, Miguel Bandeira: *Racismo em Português. O Lado Esquecido do Colonialismo*. Lisboa: Tinta da China 2016.

Jorge, Nuno Barradas: "Living Daily, Working Slowly Pedro Costa's *In Vanda's Room*". In: de Luca, Tiago / Jorge, Nuno Barradas (eds.): *Slow Cinema*. Edinburgh: Edinburgh UP 2016, pp. 169–179.

Jorge, Nuno Barradas: "Thinking of Portugal, Looking at Cape Verde. Notes on the Representation of Immigrants in the Films of Pedro Costa". In: Rêgo, Cacilda / Brasileiro, Marcus (eds.): *Migration in Lusophone Cinema*. New York: Palgrave Macmillan 2014, pp. 41–57.

Kirchner, Andreas: "Mit Pixel und Korn. DV-Ästhetik und DOGMA-Film. Die Geburt einer Bewegung". In: Segeberg, Harro (ed.): *Film im Zeitalter neuer Medien. Fernsehen und Video*. München: Fink 2011, pp. 339–366.

Lémière, Jacques: "'Terra a Terra'. O Portugal e o Cabo Verde de Pedro Costa". In: Cabo, Ricardo Matos (ed.): *Cem Mil Cigarros. Os Filmes de Pedro Costa*. Lisboa: Orfeu Negro 2009, pp. 99–111.

Liz, Mariana: "Urban Homes and Urban Families. Teresa Villaverde's *Colo* and Susana Nobre's *Ordinary Time*". In: Liz, Mariana / Owen, Hilary (eds.): *Women's Cinema in Contemporary Portugal*. New York: Bloomsbury Academic 2020, pp. 88–106.

Lopes, João: "O digital, ou de novo, o real". In: Oliveira, Dário (ed.): *Digital Cinema*. Porto: Departamento Cinema, Audiovisual e Multimédia. Odisscia nas Imagens 2001, pp. 35–43.

Loude, Jean-Yves: *Lisboa. Na Cidade Negra*. Lisboa: Dom Quixote 2005.

Luca, Tiago de / Jorge, Nuno Barradas (eds.): *Slow Cinema*. Edinburgh: Edinburgh UP 2016.

Malheiros, Jorge Macaísta / Vala, Francisco: "Immigration and City Change: The Lisbon Metropolis at the Turn of the Twentieth Century". *Journal of Ethnic and Migration Studies* 30(6) 2004, pp. 1065–1086.

Manovich, Lev: "From DV Realism to a Universal Recording Machine". *Manovich* 2001, em http://manovich.net/content/04-projects/031-reality-media/28_article_2001.pdf [último acesso: 11/09/2020].

Marques, M. Margarida (ed.): *Lisboa Multicultural*. Lisboa: Fim do Século 2014.

Morier-Genoud, Eric / Cahen, Michel (ed.): *Imperial Migrations. Colonial Communities and Diaspora in the Portuguese World*. London: Palgrave Macmillan 2013.

Muttenthaler, Roswitha / Wonisch, Regina (eds.): *Gesten des Zeigens. Zur Repräsentation von Gender und Race in Ausstellungen*. Bielefeld: transcript 2006.

Neyrat, Cyril: "Pedro Costa's Fontainhas Trilogy: Rooms for the Living and the Dead". *The Criterion Collection* 2010, s.p., em https://www.criterion.com/current/posts/1425-pedro-costa-s-fontainhas-trilogy-rooms-for-the-living-and-the-dead [último acesso: 30/11/2020].

Nora, Pierre: "Between Memory and History. Les Lieux de Mémoire". In: Rossington, Michael / Whitehead, Anne / Anderson, Linda (eds.): *Theories of Memory. A Reader*. Edinburgh: Edinburgh UP 2007 pp. 144–149.

Pantenburg, Volker: *Ränder des Kinos. Godard – Wiseman – Benning – Costa*. Köln: König 2010.

Quandt, James: "Still Lives". In: Cabo, Ricardo Matos (ed.): *Cem Mil Cigarros. Os Filmes de Pedro Costa*. Lisboa: Orfeu Negro 2009, pp. 29–39.

Rancière, Jacques: "Die Politik Pedro Costas". In: *Spielräume des Kinos*. Wien: Passagen Verlag 2012, pp. 165–184.

Ribeiro, Pedro Henrique: "Luhmann 'fora do lugar'? Como a 'condição periférica' da América Latina impulsionou deslocamentos na teoria dos sistemas". *Rev. bras. Ci. Soc.* 28(83) 2013, pp. 105–123.

Rector, Andy: "Pappy. A rememoração dos filhos". In: Cabo, Ricardo Matos (ed.): *Cem Mil Cigarros. Os Filmes de Pedro Costa*. Lisboa: Orfeu Negro 2009, pp. 206–231.

Seeßlen, Georg: "Der aktuelle politische Film. Skizzen zum prekären Leben". *epd Film*, 28/12/2016, em https://www.epd-film.de/themen/der-aktuelle-politische-film [último acesso: 11/09/2020].

Whitehead, Christopher et al. (ed.): *Museums, Migration and Identity in Europe. Peoples, Places and Identities*. Farnham, Surrey: Ashgate 2015.

Wonisch, Regina (ed.): *Museum und Migration. Konzepte – Kontexte – Kontroversen*. Bielefeld: transcript 2012.

Filmografia

Costa, Pedro: *Juventude em marcha*. Portugal / França / Suíça 2006. (156 min.)

Costa, Pedro: *No quarto da Vanda*. Portugal / Alemanha / Suíça / Itália 2000. (179 min.)

Costa, Pedro: *Ossos*. Portugal / França 1997. (98 min.)

Costa, Pedro: *Casa de lava*. Portugal 1994. (111 min.)

Iván Villarmea Álvarez

Quartos reais e imaginários: os lugares de memória da comunidade luso-cabo-verdiana no cinema de Pedro Costa

Portugal é um país de fuga e de acolhimento, de emigração e de imigração. O seu "caráter semiperiférico" dentro do sistema mundial, resultante da sua dupla condição histórica como "centro de um grande império colonial" e "periferia da Europa", como salientou Boaventura de Sousa Santos (2014, p. 32), tem possibilitado a existência de um fluxo perene de população a entrar e a sair do seu território, à procura de novas oportunidades. O discurso imperial que vigorou no país até a Revolução de 25 de abril de 1974 camuflou este fluxo como migração interna, da metrópole para as colónias e das colónias para a metrópole, embora o movimento tenha atingido um alcance global com itinerários que ligaram vários continentes em diferentes sentidos durante mais de cinco séculos. A revolução, o fim do império e a chegada da democracia ajudaram a repensar as representações deste fluxo desde o final dos anos setenta do século XX[1]. Porém, houve que esperar até as décadas de oitenta e noventa para que as figuras do emigrante e do imigrante fossem respetivamente atualizadas no cinema português, como explicou Tiago Baptista no seu artigo "Nacionalmente correcto: A invenção do cinema português" (2009, pp. 318–320).

A emigração portuguesa para França, por exemplo, teve numerosas representações cinematográficas – masculinas e femininas – na passagem do século XX para o século XXI, quer em coproduções franco-portuguesas, como *Viagem ao princípio do mundo* (Manoel de Oliveira 1997) ou *Ganhar a vida* (João Canijo 2001), quer em títulos transnacionais posteriores, como *Amor* (*Amour*, Michael Haneke 2012) – uma coprodução franco-austro-alemã – ou *A gaiola dourada* (*La cage dorée*, Ruben Alves 2013) – uma comédia à portuguesa de nacionalidade francesa – nos quais a atriz Rita Blanco interpretou, em diferentes registos, a personagem da *concierge* luso-parisiense. Nestes mesmos anos, a figura do imigrante – homem ou mulher – de origem

---

1   Nesta altura, não por acaso, Eduardo Lourenço escreveu o seu ensaio "A emigração como mito e os mitos da emigração" (1978, pp. 127–137).

brasileira, africana ou do leste de Europa instalado em Portugal experimentou um lento processo de normalização no cinema luso através da presença de distintas variações desta figura em ficções como *Terra estrangeira* (Walter Salles / Daniela Thomas 1995), *Transe* (Teresa Villaverde 2006), *América* (João Nuno Pinto 2010), *Viagem a Portugal* (Sérgio Tréfaut 2011) ou *Estive em Lisboa e lembrei de você* (José Barahona 2015); e em documentários como *Lisboetas* (Sérgio Tréfaut 2004) ou *Vida activa* (Susana Nobre 2014)[2]. Estas representações, no entanto, viram-se ligeiramente alteradas durante os anos da austeridade[3], quando a má conjuntura económica fez reverter o fluxo migratório: nessa altura, alguns imigrantes instalados em Portugal começaram a pensar na possibilidade de retornar aos seus países, como as personagens femininas – de origem brasileira – que aparecem em *São Jorge* (Marco Martins 2016) e *A fábrica de nada* (Pedro Pinho 2017), enquanto uma nova geração de jovens portugueses se preparava para sair do país, como revela *A cidade onde envelheço* (Marília Rocha 2016), uma coprodução luso-brasileira que retrata o quotidiano de duas jovens portuguesas emigradas em Belo Horizonte.

Dentro deste corpus, algumas das representações mais marcantes da experiência migratória pós-colonial no cinema português contemporâneo encontram-se na longa saga cabo-verdiana em que o realizador Pedro Costa trabalha desde a sua segunda longa-metragem, *Casa de lava* (1994). De acordo com Jacques Lemière, este filme foi "o primeiro a pôr em cena [...] a figura do operário cabo-verdiano sem documentos, explorado e submetido ao trabalho perigoso da construção civil e de obras públicas em Lisboa" (2010, p. 101); assim como o primeiro a mostrar a hostilidade que estes imigrantes enfrentam no país de acolhimento: "Milagre é não acabarem todos num buraco cheio de ratos... ou pior, num hospital qualquer a morrerem sozinhos! Ninguém quer saber de vocês em Sacavém!", diz Mariana, a enfermeira de *Casa de lava*, a um grupo de homens prestes a emigrar para Portugal (00:32:53–00:32:54). Esta

---

2   Fernando Arenas (2017) analisou as representações deste tipo de personagens no seu artigo "Lisbon Stories: Migration, Community and Intercultural Relations in Contemporary Cinema and Literature". Os seus casos de estudo foram os filmes *Terra estrangeira*, *Viagem a Portugal* e o romance homónimo no que está baseado *Estive em Lisboa e Lembrei de Você*, escrito por Luiz Ruffato (2009).

3   2011–2014, os anos do Programa de Assistência Económica e Financeira para Portugal, quando as finanças do país estiveram sob supervisão da *Troika* Europeia – um grupo de decisão formado pela Comissão Europeia, o Banco Central Europeu e o Fundo Monetário Internacional – durante o pior momento da Grande Recessão.

advertência parece ecoar nas primeiras palavras que a protagonista de *Vitalina Varela* (Costa 2019) ouve quando chega ao aeroporto de Lisboa, após a morte do marido: "Portugal não tem nada para ti. Sua casa não é tua casa. Volta para a terra" (00:12:27–00:12:34). O desencontro permanente entre os imigrantes cabo-verdianos e a sociedade portuguesa faz com que o grande tema dos filmes de Pedro Costa, de *Casa de lava* a *Vitalina Varela*, continue a ser, vinte e cinco anos depois, o destino da comunidade luso-cabo-verdiana. Os relatos dos seus trabalhadores imigrantes, mulheres abandonadas e filhos desenraizados colocam, segundo Jacques Rancière,

> [...] uma das questões fulcrais e em jogo, em termos políticos, no nosso presente: a sorte dos explorados, daqueles que vieram de longe, das antigas colónias africanas, para trabalhar nos estaleiros de construção portugueses, que perderam a família, a saúde, por vezes a vida nesses estaleiros; aqueles que se amontoaram ontem nos bairros de lata suburbanos antes de serem expulsos para habitações novas, mais claras, mais modernas, não necessariamente mais habitáveis.
>
> (Rancière 2010, p. 53)

Costa não pertence a esta comunidade, mas a evolução do ângulo de câmara que utiliza para filmar os seus personagens reflete a sua progressiva integração nela, como expliquei noutro texto (Villarmea Álvarez 2014, p. 26). Assim, a sua terceira longa-metragem, *Ossos* (Costa 1997), é um filme realizado ainda desde fora da comunidade, como evidenciam os planos picados que mostram o Bairro das Fontaínhas a partir de uma posição elevada, por cima dos seus telhados, ou o célebre plano sequência que revela o seu perímetro enquanto acompanha ao personagem de Nuno Vaz[4]. Esta posição, no entanto, mudará na sua quarta longa-metragem, *No quarto da Vanda* (Costa 2000), em que Costa coloca a câmara à altura dos olhos dos personagens, numa posição que estabelece a igualdade entre quem está frente a câmara e quem está atrás dela (Neyrat 2008, p. 24). A decisão de fazer este filme com tecnologia digital mudou para sempre a forma de trabalho deste realizador – e de todos aqueles que influenciou – porque lhe permitiu filmar em espaços interiores, nos quartos dos moradores das Fontaínhas, durante longos períodos de tempo até criar um registro da memória oral desse bairro enquanto estava a ser demolido. Anos depois, *Juventude em marcha* (Costa 2006), a sua sexta longa-metragem, completará esta evolução com a aparição de Ventura, um ator-personagem que Costa filma nesta obra de baixo para cima, em plano contrapicado, com o intuito de criar uma imagem

---

4   Shiguéhiko Hasumi (2010) analisou este plano no seu artigo "Aventura: um ensaio sobre Pedro Costa".

mais estilizada e menos realista. Esta escolha introduz um registo mítico, por vezes mesmo fantástico, que Costa repetirá em todos os seus filmes posteriores realizados com esta comunidade: as curtas-metragens *Tarrafal* (Costa 2007), *A caça ao coelho com pau* (Costa 2008), *O nosso homem* (Costa 2010) e *Sweet exorcist* (Costa, 2012), e as longas-metragens *Cavalo dinheiro* (Costa 2014) e *Vitalina Varela*. O processo de integração de Pedro Costa na comunidade luso-cabo-verdiana exige, portanto, a aprendizagem de uma nova forma de filmar estas pessoas e também de filmar os seus espaços, os seus quartos, onde o próprio realizador, como criador, começou a sentir-se à vontade:

> Uma das coisas importantes que descobri [na rodagem de *Casa de lava*] foi que, depois de voltar desse vulcão, eu me sentia melhor a filmar interiores. Quartos, ou corredores que parecem ruas, esse labirinto... Sempre digo que esse labirinto punha muitos problemas para a luz, a cor, o som e para pensar o espaço. E no cinema é isso o que fazemos: pensar a luz, a cor, o som e o espaço para fazer uma cena com dois, três, quatro, dez planos num pequeno quarto. Fontaínhas oferecia uma característica muito complementar e é que às vezes os exteriores eram mais interiores que os interiores. Os quartos e as casas estavam mais cheios, continham mais vozes, mais vida, do que a rua. A rua era muito segreda às vezes. Havia partes das Fontaínhas que eram tabu... e depois soube porquê, por histórias várias de violência e outras coisas. Mas era um lugar que te obrigava a pensar o interior e o exterior.
>
> (Costa em Romero Suárez 2016; tradução minha)

A partir de *No quarto da Vanda*, os quartos da comunidade luso-cabo-verdiana que aparecem nos filmes de Pedro Costa são espaços reais e, simultaneamente, espaços imaginários porque "a imaginação", como diz o cineasta, "está muito ligada à lembrança" (Romero Suárez 2016; tradução minha). Estes quartos não são apenas locais onde descansar ou socializar, senão um repositório da memória dos seus moradores: lugares que recolhem e projetam as suas experiências e a sua identidade enquanto sujeitos transnacionais e pós-coloniais. Por este motivo, é possível associar estes quartos com o conceito de "lugar de memória", que Pierre Nora define como "qualquer entidade significativa, de natureza material ou imaterial, que por força da vontade humana ou da obra do tempo se tenha tornado um elemento simbólico do património memorial de qualquer comunidade" (1996, XVII, tradução minha).

O exemplo mais evidente é o quarto de Vanda no filme homónimo, onde a protagonista, a sua irmã Zita e os seus amigos lembram, reconstroem e revivem mesmo o passado das Fontaínhas, dos dias alegres da infância às eulogias tristes pela morte de alguém, como Geny. A casa queimada de Lento, companheiro de Ventura em *Juventude em marcha*, é outro exemplo de lugar de memória que evoca, neste caso, o pior trauma desta comunidade: a morte induzida pela desgraça, uma tragédia que ecoa também na casa de Joaquim, o marido falecido de Vitalina Varela. Porém, nem todos estes lugares de memória são espaços domésticos: o hospital, o escritório e mesmo o elevador que aparecem em *Cavalo dinheiro* trazem também à tona as experiências dos trabalhadores imigrantes que, como Ventura, podem ficar presos dos seus próprios labirintos mentais. A partir destes e doutros exemplos, as próximas páginas tencionam analisar as estratégias de encenação que Pedro Costa utiliza para representar estes espaços, concebidos e percebidos – dentro e fora das imagens – como espaços intermitentes (Villarmea Álvarez 2016 e 2019), heterotopias (Foucault 2009) ou terceiros espaços (Soja 1996), isto é, como espaços que ajudam personagens e espetadores a estabelecer ligações conceituais e emocionais com outros espaços e outros tempos.

Espaços intermitentes

Um espaço intermitente – ou *blinking space*, como chamei a este tipo de espaços em inglês – representa simultaneamente o passado e o presente de um lugar, de forma que personagens e espetadores possam ver ou sentir o passado, as experiências vividas nesse lugar, sem abandonar o presente da filmagem ou da projeção (Villarmea Álvarez 2016, pp. 33–34; 2019, pp. 111–112). A casa queimada de Lento em *Juventude em marcha* é um destes espaços: um apartamento em ruínas no presente que transporta Ventura – e, com ele, os espetadores – para o passado, para o instante mesmo no qual Lento pegou fogo ao seu colchão. O público, no entanto, já viu a morte deste personagem uns minutos antes, por uma causa diferente: essa primeira morte de Lento acontece quando este personagem sobe a um poste de luz com o intuito de levar eletricidade para a barraca que partilha com Ventura e fica então, infelizmente, eletrocutado (02:09:09–02:09:51). A sua segunda morte, pelo contrário, não é um acidente, mas um suicídio: Lento morre num incêndio provocado por si mesmo, pela angústia que sente por causa das dificuldades que atravessa, como o seu fantasma dirá a Ventura na sequência da casa queimada (02:19:10). Esta segunda morte representa o destino dos imigrantes que não conseguem suportar as condições de vida numa sociedade hostil: aquelas pessoas que ficaram pelo caminho entre o velho bairro de lata – as Fontaínhas, parcialmente destruído durante a rodagem de *No quarto da Vanda* – e o novo bairro de habitação social, o Casal da Boba – para onde foram deslocados os moradores das Fontaínhas, mesmo antes da rodagem de *Juventude em marcha*. Comparado com Lento, Ventura é um sobrevivente, porque conseguiu "água, eletricidade, gás, BI", como salienta o fantasma do seu companheiro (02:19:45–02:19:47), embora mais sozinho e durma no chão de um apartamento vazio, sem companhia nem conforto. O sucesso de Ventura, neste sentido, é relativo: a sua vida é uma vida precária que muitos trabalhadores imigrantes, apesar dos seus esforços, nem sequer conseguem atingir.

Costa filma toda a visita de Ventura à casa queimada de Lento em apenas cinco planos fechados e escuros, nos quais as paredes do apartamento, negras após o incêndio, não permitem perceber a profundidade do espaço que está à volta dos personagens (02:16:48–02:21:56). Esta ausência de referentes espaciais ajuda a ver o incêndio do passado nas ruínas do presente: Ventura parece estar a contemplar esse incêndio desde a porta do quarto onde começou o fogo, com o olhar perdido no fora de campo, e é precisamente o seu olhar aflito que permite ao público imaginar as chamas. As paredes negras dessa casa queimada contrastam, aliás, com as paredes brancas de outros apartamentos de Casal da Boba, onde os seus moradores ainda estão a aprender a viver, mas também antecipam os interiores opacos de *Cavalo dinheiro* e de *Vitalina Varela*[5], onde Costa utiliza novos espaços intermitentes para refletir sobre outros aspetos da experiência migratória.

As instalações da Sociedade de Construções Amadeu Gaudêncio que aparecem em *Cavalo dinheiro*, por exemplo, são espaços com uma extraordinária acumulação de tempo, experiências e lembranças que ligam as tarefas desenvolvidas nestes locais à exploração sofrida pelos trabalhadores imigrantes em qualquer latitude e circunstância. Apesar do abandono, a sua condição de espaço intermitente faz com que Ventura se comporte ali como se estivesse em mais uma jornada laboral da sua juventude: o seu corpo reproduz uma rotina; vai para a casa de banho, para o vestiário, para a oficina e, por fim, também para o escritório, onde pronuncia vários monólogos que evocam conversas passadas com o seu patrão, Mestre Ernesto (00:57:27–01:15:54). As suas palavras reconstroem as interações mais habituais entre trabalhadores e empresários do setor da construção civil: primeiro, Ventura queixa-se da diminuição do seu salário, depois negoceia a compra de tijolos e sacos de cimento para construir a sua própria casa e, finalmente, despede-se do patrão enquanto sai do escritório de cabeça baixa, o gesto submisso e um envelope com o escasso salário – apenas

---

5   A causa da escuridão deste último filme tem a ver com o processo de captação de som direto: "Vitalina falava com uma espécie de murmúrio que era muito difícil de captar", explica o realizador, "pelo que necessitávamos de encontrar um enquadramento sonoro adequado, o da noite. Não é uma questão de claro-escuro [...], mas de viver a luz, a sombra e o dia de outra maneira" (Costa em Pena 2020, p. 42; tradução minha).

uma velha nota de mil escudos. Estes monólogos identificam e denunciam três tipos de exploração laboral que infelizmente ainda continuam: primeiro, os cortes nos salários; segundo, a conversão dos trabalhadores em clientes da própria empresa para a qual trabalham; e terceiro, a submissão perante o patrão como condição prévia para poder receber um salário precário.

Costa utiliza a presença de Ventura nas instalações desta empresa para criar uma memória da exploração através do distanciamento temporal – esses quarenta anos que passaram entre a juventude e a velhice do personagem – e do estranhamento causado pelas formas utilizadas – a dicção sincopada de Ventura, sempre rígido, sempre lento e sempre a tremer, na escuridão. A tecnologia digital oferece, aliás, a possibilidade de apagar fragmentos do quadro, que ficam completamente negros, como na pintura barroca ou no cinema expressionista. Este emprego do claro-escuro serve para salientar determinados elementos da cena, como o telefone, que ajudam a estabelecer a ligação entre os dois tempos em confronto – o tempo da revolução e o tempo da recessão – com o intuito de representar o caráter atemporal e sistémico da exploração laboral dos trabalhadores imigrantes, antes e agora.

A casa de Joaquim, o marido falecido de Vitalina Varela, funciona também como um espaço intermitente onde os seus amigos projetam os bons e os maus momentos que partilharam com ele no passado (00:32:11–00:35:30, 00:40:15–00:43:24 e 01:20:59–01:24:35), enquanto a sua viúva tenta estabelecer ali um diálogo com o além, com o espírito do cônjuge, como se este ainda estivesse vivo (00:30:34–00:31:59, 00:52:02–00:56:38, 01:11:47–01:14:44 e 01:44:50–01:48:20). As evocações dos amigos estão sempre encenadas como diálogos: os homens falam com Vitalina, lembram as noites a beber e a jogar cartas com o seu esposo enquanto estão sentados à mesa da cozinha, ou reconstroem os últimos dias da sua doença a partir da porta do seu quarto, com o olhar perdido no fora de campo. Esse olhar, mais uma vez, permite que o público imagine as cenas que os personagens estão a reviver, tal como acontece, como já foi referido, no final de *Juventude em marcha*.

O diálogo imaginário de Vitalina com o marido, pelo contrário, é um diálogo truncado: uma série de monólogos que ela enceta quando está sozinha, na intimidade do quarto ou da casa de banho. Costa filma estes monólogos em planos longos e fixos, com a câmara situada normalmente à altura dos olhos de Vitalina, que parecem focados no ponto onde supostamente deveria estar Joaquim, o seu cônjuge, sempre atrás da câmara. Nestes solilóquios, a ausência de contracampo salienta a solidão da personagem e deixa qualquer réplica no fora de campo, pelo que o seu interlocutor pode estar onde o público quiser: pode estar no passado, quando Joaquim morava naquela casa; ou no cemitério, incapaz de ouvir a sua viúva desde o caixão; pode estar também, como espírito, no altar que lhe prepara Vitalina; ou pode estar, simplesmente, na imaginação da personagem e dos espetadores. A linguagem cinematográfica utilizada nestas sequências, seja como for, possibilita qualquer destas quatro interpretações.

A relação conjugal entre Vitalina e Joaquim foi, infelizmente, muito má: primeiro pela distância entre Cabo Verde e Portugal, que lhes impediu o convívio durante mais de vinte anos, mas sobretudo pela falta de interesse de Joaquim por que Vitalina fosse morar com ele em Portugal. A protagonista deste filme é assim a viúva de um vivo que passa a ser a viúva de um morto sem ter a hipótese de ajustar contas com ele, um relato que já estava presente em *Cavalo dinheiro* e que Costa decide aprofundar em *Vitalina Varela*. A raiva acumulada pela personagem dificulta o seu trabalho de luto, pelo que os seus monólogos respondem à necessidade emocional de dizer coisas que nunca antes foram ditas (ver Costa em Pena 2020, p. 32). Esta terapia baseia-se na utilização da casa por parte do realizador como um espaço intermitente que pode transportar a personagem para o passado, para o tempo em que o marido morava lá, à procura de um confronto ou de uma reconciliação impossível. Porém, esta passagem para outro espaço-tempo não é a única que se produz nesta casa: a sua utilização simultânea como heterotopia e como terceiro espaço introduz novas camadas de significado, que analisarei a seguir.

Heterotopias

O quarto queimado de Lento em *Juventude em marcha*, o escritório da Sociedade de Construções Amadeu Gaudêncio em *Cavalo dinheiro* ou o telhado da casa do marido de Vitalina Varela são espaços que podem ser também interpretados como heterotopias, pela capacidade que têm de ligar e de representar lugares que estão em diferentes camadas da realidade. A definição original de heterotopia proposta por Michel Foucault – sempre citada, e sempre confusa – salienta a aparente contradição que existe entre a condição material destes lugares e a sua dimensão simbólica. Para ele, as heterotopias seriam

[...] lugares reais, lugares efetivos, lugares que são delineados na própria instituição da sociedade, e que são espécies de contraposicionamentos, espécies de utopias efetivamente realizadas nas quais os posicionamentos reais, todos os outros posicionamentos reais que se podem encontrar no interior da cultura estão ao mesmo tempo representados, contestados e invertidos, espécies de lugares que estão fora de todos os lugares, embora eles sejam efetivamente localizáveis.

(Foucault 2009, p. 415)

O caso da Sociedade de Construções Amadeu Gaudêncio pode resultar esclarecedor da lógica com que Pedro Costa utiliza as heterotopias nos seus filmes. O realizador não filma *Cavalo dinheiro* no escritório e nas oficinas históricas desta empresa, antigamente situadas na Rua Alexandre Braga 4-A, em Lisboa, mas utiliza o nome da companhia por estar ligado a empreendimentos de vulto que demandavam muitos trabalhadores[6]. O escritório que aparece em *Cavalo dinheiro* é, assim, um cenário que evoca, através do nome da sociedade, todos aqueles espaços ligados ao setor da construção civil em que qualquer trabalhador imigrante pôde ter sido vítima de alguma forma de exploração laboral por parte dos seus patrões. A mesma lógica explica a dimensão heterotópica da casa queimada de Lento em *Juventude em marcha*, que representa metonimicamente todos aqueles espaços domésticos onde a tragédia tirou a vida a algum trabalhador imigrante, porque as heterotopias têm, como explica Foucault, "o poder de justapor em um só lugar real vários espaços, vários posicionamentos que são em si próprios incompatíveis" (2009, p. 418).

Esta lógica chega à sua expressão mais complexa no telhado da casa do marido de Vitalina Varela, que aparece apenas em dois planos muito significativos deste filme homónimo: uma primeira vez quando ela sobe até lá à noite, durante um vendaval, para tentar consertar a estrutura, que está em péssimas condições (01:38:45–01:40:26); e uma segunda vez quando os amigos do seu marido estão a trabalhar na sua reparação, de manhã, no final do filme (01:59:45–02:00:00). Estes dois planos antecedem as imagens da casa cabo-verdiana de Vitalina, pelo que introduzem uma dupla passagem no espaço e no tempo: de Portugal para Cabo Verde e do presente para o passado. Assim, depois do plano de Vitalina sobre o telhado durante o vendaval, Costa coloca um plano em que se pode ver o corpo de um homem na cama, de costas, enquanto uma mulher jovem sai para o exterior, primeiro do quarto e finalmente da casa, num dos poucos planos exteriores diurnos incluídos neste filme, que mostra a fachada de uma casa de lava no meio de uma paisagem de colinas vulcânicas (01:40:26–01:41:43). Da mesma forma, depois do plano dos amigos do marido a consertar o telhado, o

---

6 A Sociedade de Construções Amadeu Gaudêncio existiu de 1935 até 2019, chegou a contar com 1500 trabalhadores e foi responsável pela construção de muitos hospitais, escolas, museus, salas de espetáculos e instalações fabris e religiosas durante os anos da ditadura salazarista. Alguns dos prédios mais conhecidos em que trabalhou foram o edifício de administração da Casa da Moeda, o Hospital de Santa Maria, em Lisboa, ou o Hospital de São João, no Porto, inaugurados respetivamente em 1941, 1953 e 1959 (Leite 2016). Muitas sequências de *Cavalo dinheiro*, aliás, foram filmadas precisamente no Hospital de Santa Maria.

filme acaba com o plano de um casal a trabalhar na construção dessa mesma casa de lava – um casal que não parece muito feliz, e que termina simbolicamente separado no final do plano e do filme: ele à esquerda, ela à direita, na mesma posição que Vitalina adota quando sobe ao telhado durante o vendaval (02:00:00–02:01:00). Essas duas casas, a casa de lava cabo-verdiana e a casa de lata portuguesa, estão unidas na experiência de Vitalina – e de muitas outras mulheres como ela – porque representam espaços domésticos frustrados onde os casais formados por trabalhadores imigrantes e "viúvas de vivos" não conseguem conviver nem ser felizes. Costa, portanto, concebe este telhado como uma heterotopia para ligar estes dois espaços na altura em que Vitalina conclui o seu luto. Este final, apesar de todas as desgraças que sofre a personagem, pode considerar-se quase como um final feliz, porque Vitalina desenvolve um processo mental e emocional do qual sai mais forte, à semelhança do que acontece com Ventura nos finais de *Juventude em marcha* e *Cavalo dinheiro*.

As casas de imigrantes que Costa retrata nos seus filmes não são assim tão diferentes dos interiores que documentou Jacob Riis no seu livro *How the Other Half Lives: Studies among the Tenements of New York* (1890), pelo que o realizador abre *Cavalo dinheiro* com uma dúzia de imagens deste fotojornalista que estabelecem uma nova passagem heterotópica entre o Lower East Side de Nova Iorque no final do século XIX e o concelho da Amadora no início do século XXI[7]. O espaço em que decorre a maior parte de *Cavalo dinheiro*, no entanto, é outro tipo de heterotopia, a que Foucault chama "de desvio: aquela na qual se localiza os indivíduos cujo comportamento desvia em relação à média ou à norma exigida" (2009, p. 416), como acontece nas casas de repouso, nas clínicas psiquiátricas ou, diretamente, nas prisões. Os espaços que Ventura percorre neste filme, explica Costa, "são espaços que o aprisionam, de interrogatório"; espaços policiais, institucionais, que o realizador associa aos "espaços dos imigrantes" (em Romero Suárez 2016; tradução minha). A encenação das sequências iniciais (00:01:56–00:18:05) procura, neste sentido, criar uma ligeira confusão sobre o lugar onde Ventura está. É um hospital? É uma prisão? A bata branca da pessoa que o acompanha faz pensar num enfermeiro, mas também poderia ser um vigilante, ou mesmo um carcereiro (00:02:20–00:04:13). A conversa que terá depois com alguém que lhe faz perguntas está filmada de forma

---

7   Todos os bairros luso-cabo-verdianos que aparecem nas longa-metragens de Pedro Costa – As Fontaínhas em *Ossos* e *No quarto da Vanda*, Casal da Boba em *Juventude em marcha* e Cova da Moura em *Cavalo dinheiro* e *Vitalina Varela* – estão no concelho da Amadora, na periferia noroeste de Lisboa.

unidirecional: o público apenas vê Ventura, a tremer e a responder, sem que haja um contracampo que mostre a pessoa que coloca as questões, que poderia ser um médico numa consulta ou um polícia num interrogatório (00:09:40–00:13:38). Há perguntas, aliás, a que Ventura, desorientado, não responde, como "sabe o que eu sou?" ou "sabe onde nós estamos?" (00:11:55–00:11:58).

O tempo do relato também não fica claro no início de *Cavalo dinheiro*: pode ser o presente, o passado ou um tempo mental não linear – o tempo do inconsciente, que fica fora da progressão cronológica, como também acontece em *Juventude em marcha* e *Vitalina Varela*. O hospital ou prisão onde está Ventura, como heterotopia, introduz a personagem numa "ruptura [sic] absoluta com [o] seu tempo tradicional", a que Foucault chama "heterocronia" (2009, p. 418). A sequência em que Ventura recebe visitas salienta esta rutura, porque o personagem – e, com ele, o público – não sabe se estas visitas vêm do aquém ou do além, se são reais ou imaginárias: podem ser amigos, vizinhos ou familiares de Ventura, mas também podem ser os fantasmas desses mesmos amigos, vizinhos ou familiares (00:04:48–00:08:31). Seja como for, o objetivo das heterotopias e heterocronias de *Cavalo dinheiro* não é criar confusão, mas estabelecer uma continuidade entre espaços e tempos distintos, para fazer refletir a psique de Ventura. Ele, tal como todos nós, vive simultaneamente no presente do aqui e do agora, mas também no passado de todas as suas lembranças; no lugar real que ocupa durante um instante e em todos os lugares que pode imaginar – ou lembrar – a partir desse lugar real. Para transmitir esta experiência, baseada na sobreposição de múltiplas camadas temporais e espaciais, os interiores do cinema de Pedro Costa deverão tornar-se terceiros espaços, isto é, lugares onde "tudo vem junto", como escreveu Edward Soja, do mais simples ao mais complexo (1996, p. 56, tradução minha).

Terceiros espaços

A relação entre conceitos que interagem dentro dos terceiros espaços abrange, de acordo com Soja, até uma dezena de binómios: "a subjetividade e a objetividade, o abstrato e o concreto, o real e o imaginado, o cognoscível e o inimaginável, o repetitivo e o diferencial, a estrutura e a agência, a mente e o corpo, a consciência e o inconsciente, o disciplinado e o transdisciplinar, a vida quotidiana e a história interminável" (Soja 1996, pp. 56–57, tradução minha). Nesta mistura, os terceiros espaços ajudam a estabelecer uma ponte entre a imperfeição do real e a sua perceção idealizada, isto é, entre os quartos reais onde moram os membros da comunidade luso-cabo-verdiana e os quartos imaginários onde desejariam morar se não tivessem limitações materiais e económicas.

A sequência de *No quarto da Vanda* na qual Nhurro está a arrumar a nova casa que acaba de ocupar com os seus amigos é o exemplo mais básico de um terceiro espaço no cinema de Pedro Costa, porque este personagem está a trabalhar com o propósito de transformar esse lugar na casa que tem na cabeça: está a projetar o seu ideal de conforto doméstico através da sua ação sobre esse espaço (00:19:12–00:24:16). Essa casa, no entanto, terá de ser abandonada, devido ao avanço da demolição do bairro, como antes acontecera com a casa que estes personagens ocupavam no início do filme. "Nhurro descreve todo um ciclo nas Fontaínhas", escreve Andy Rector (2010, p. 219): "Nhurro começa o filme já expulso de qualquer lado, Nhurro constrói um lar e Nhurro perde esse lar". Este percurso parece inspirado pela figura mítica de Sísifo, o homem condenado a fazer rolar por toda a eternidade uma grande pedra de mármore até o cume duma montanha, de onde a pedra sempre volta a rolar, montanha abaixo, até ao mesmo ponto de partida. O trabalho de Nhurro enquanto arruma uma casa que vai ter que abandonar é, assim, comparável ao trabalho de Sísifo, embora estes dois personagens, como sugeriu Albert Camus, possam sentir-se satisfeitos enquanto desenvolvem estas ocupações, caso aceitem a condição de sujeitos limitados pelas suas circunstâncias[8]. Em todo o caso, Nhurro tem a vontade de criar e de habitar uma casa, um lugar próprio que, para ele, não é apenas uma construção abandonada à espera de ser demolida, mas um terceiro espaço que, potencialmente, pode ser o seu lar de forma transitória. O seu amigo Nando, pelo contrário, não vê ainda essa potencialidade, pelo que não sabe como ajudar, nem sequer sabe onde se há de sentar antes de Nhurro lhe dizer onde está o sofá (00:23:34–00:24:00). Este móvel simboliza todo um ideal de conforto interiorizado durante décadas pelas mulheres desta comunidade através do seu trabalho como empregadas domésticas, como explicou o próprio realizador:

> Para viver nestes novos espaços que vemos no *Juventude em Marcha*, é preciso mais dinheiro. Para ter as três televisões nos três quartos, os sofás, os tapetes, os *gadgets*, os frigoríficos que fazem cubos de gelo. E não creio que possamos censurá-los. Não podes dizer às pessoas: "Estás doido, não faças isso porque depois ficas sem dinheiro para alimentar os teus filhos. Olha que é o truque do capitalismo, tem cuidado..." Eles respondem: "Ouve, passei vinte anos a limpar a casa da senhora fulana de tal, era tão bonita, tinha sofás de pele. Agora que moro numa casa a sério, quero tudo igual". Enquanto trabalharam na casa das senhoras, tinham uma espécie de *Casa e Decoração* ao vivo: querem ter o mesmo que viram nas casas que limparam! É terrível e triste.

---

8   No final do seu livro *O Mito de Sísifo*, Camus argumenta que "a própria luta em direção aos cimos é suficiente para preencher um coração humano", pelo que "é preciso imaginar Sísifo feliz" (1989, p. 145).

No *Juventude em Marcha*, vê-se um pouco a sala de Vanda: há um globo terrestre-bar, um lustre. É artificial, cheira a museu de cera. E é só cenário, nada é utilizável, nem sequer se sentam nos sofás, continuam a trabalhar tanto ou mais do que antes, não têm tempo! Mas o sofá lá está, "como na casa da minha senhora".

(Costa em Neyrat 2012, pp. 163–164)

A materialização deste ideal está, como salienta o realizador, nos apartamentos de Casal da Boba, onde Costa chega ao mesmo tempo que a comunidade. Esses interiores são espaços hostis, ainda por conquistar: espaços que os personagens não sabem como habitar porque não os construíram (Costa em Burdeau / Lounas 2007, p. 115). Vitalina terá uma experiência similar na casa portuguesa do seu marido, que parece recusar-lhe a entrada: essa casa chega mesmo a agredi-la fisicamente quando ela tenta traspassar o limiar de um quarto e bate com a cabeça no lintel da porta (00:14:31–00:15:09) ou quando está a tomar um duche e lhe cai entulho em cima (01:00:25–01:01:50), embora seja, na verdade, a sua casa real, a casa de Vitalina Varela – a atriz, não a personagem – em Portugal, na Cova da Moura (ver Costa em Pena 2020, p. 36). Frente à hostilidade dessa casa, que representa a hostilidade da chegada de qualquer imigrante a um país estrangeiro, a casa cabo-verdiana de Vitalina, construída com o seu marido, transforma-se num terceiro espaço idealizado: o contraste que ela estabelece entre ambas as casas no monólogo que sussurra na casa de banho expressa a topofilia dos imigrantes pela sua terra natal e a topofobia que podem sentir no país de destino (00:52:02–00:56:38). A própria qualidade construtiva dessas casas – muito melhor, segundo Vitalina, na casa cabo-verdiana – simboliza a evolução da sua relação conjugal: ingénua e esperançada quando o casal morava em Cabo Verde; amarga e distante desde que Joaquim se mudou para Portugal.

Além destes interiores domésticos, o terceiro espaço mais complexo que até agora tem aparecido nos filmes de Pedro Costa é o elevador onde decorre o clímax de *Cavalo dinheiro*: um lugar de transição onde o tempo fica em suspenso e que serve, assim, de portal e de ponte para o inconsciente de Ventura (01:16:39–01:38:24)[9]. Neste terceiro espaço, Costa encena várias camadas de lembranças traumáticas acumuladas pelo personagem na sua condição de sujeito transnacional e pós-colonial: por um lado, a memória dos acidentes, da exploração e da instabilidade laboral, já revivida na sequência da Sociedade de Construções Amadeu Gaudêncio; e, por outro, a memória do medo dos imigrantes africanos

---

9   Esta sequência tem uma versão anterior: a curta-metragem *Sweet exorcist*, que foi incluída no filme coletivo *Centro histórico* (Aki Kaurismäki, Pedro Costa, Víctor Erice e Manoel de Oliveira 2012).

das agressões dos soldados do MFA – Movimento das Forças Armadas – após a Revolução de 25 de abril, uma história pouco conhecida que Costa recupera neste filme através do auto-exorcismo de Ventura que, como argumenta Sérgio Dias Branco (2020, p. 47), pode ser interpretado como um exorcismo da história colonial de Portugal. Assim, dentro do elevador, o personagem enfrenta os monstros do seu passado, representados pelo coro de vozes descarnadas que o interpelam e, sobretudo, pelo soldado-estátua que está há trinta e oito anos fechado no seu inconsciente. Felizmente, Ventura também conta lá dentro com o apoio de alguns elementos positivos – nomeadamente, a voz da sua mulher, Zulmira, e também a canção 'Alto Cutelo' dos Tubarões, um tema gravado em 1976 que narra a história de muitos migrantes cabo-verdianos – que lhe ajudam, na sua luta interna, a resistir à angústia e a conviver com as lembranças traumáticas. A sua saída deste elevador supõe um triunfo, porque significa que Ventura superou – ou pelo menos aceitou – a carga do seu passado, como já acontecia no final de *Juventude em marcha*.

Conclusões: a vida imaginária dos lugares de memória

Vanda, Ventura e Vitalina são heróis e heroínas quotidianos que conseguiram, simplesmente, sobreviver, continuar a sua vida num ambiente hostil marcado pela tragédia daquelas pessoas – como o Nhurro de *No quarto da Vanda*, o Lento de *Juventude em marcha* ou o Joaquim de *Vitalina Varela* – que são vítimas da "vida que a gente é obrigada a ter", como diz Nhurro a Vanda na única sequência de *No quarto da Vanda* na qual aparecem juntos (02:14:00–02:14:04). Esta frase é fundamental para perceber a construção do sujeito marginal no cinema de Pedro Costa como um sujeito autoconsciente da sua própria marginalidade, que, aliás, participa ativamente do processo criativo através da encenação de si próprio – através, portanto, da sua "auto-mise-en-scène", como Jean-Louis Comolli definiu esta atitude (2004, pp. 153–154) – pelo menos desde este filme. O trabalho de Costa nestes últimos vinte anos pode ser considerado, em consequência, como uma criação coletiva baseada na empatia com os seus atores-personagens, que ele gosta de filmar no transe de evocar experiências individuais ou herdadas, como o próprio realizador explica nestas duas citações:

> Não acredito muito na personagem, o que realmente me interessa é a pessoa, a Vanda ou o Ventura. Nunca pensei numa personagem que eles pudessem representar, foram eles que decidiram construir-se como personagens. Tanto melhor se se tornam personagens, significa que se tornam exteriores a si próprios e que começaram a procurar

uma memória das pessoas que conheceram, dos seus passados. Para mim, nos melhores casos, uma personagem é uma concentração de muitas pessoas num só corpo.

(Costa em Neyrat 2012, p. 82)

Antes, para mim, a montagem era o momento mais excitante, mas agora não, agora é a rodagem: ser testemunha de Ventura ou Vitalina num momento preciso, ser testemunha de todo um trabalho político, quando os atores estão conscientes de que, para além da sua individualidade, estão a falar em representação de um coletivo, de uma comunidade. No caso de Ventura, é muito claro, ele tem uma responsabilidade política [...] tem de responder por todos os pedreiros, os operários, as mulheres, os camaradas, o país... por si mesmo. E esse é um trabalho que não se pode fazer na realidade, porque a realidade são quarenta tragos de vinho tinto após o trabalho e depois para a cama. Alguns, mais jovens, pode ser que tenham a força de se reunir e falar dos seus trabalhos precários, do patrão, mas essa resistência é difícil. Ventura pensa nisto tudo e nós vemo-lo a pensar, vemos como faz esse trabalho, o trabalho do ator. Como o fez Vanda...

(Costa em Pena 2020, p. 40; tradução minha)

A decisão de filmar ou de recriar os interiores da comunidade luso-cabo-verdiana em *No quarto da Vanda*, *Juventude em marcha*, *Cavalo dinheiro* e *Vitalina Varela* ajuda estes atores-personagens a entrar nesse transe para recuperar as suas lembranças, enfrentar os seus problemas e desvendar, em suma, a história de uma comunidade marcada pelos desafios da experiência migratória. Os filmes de Pedro Costa revelam que essa experiência ultrapassa o momento da deslocação física entre o país de origem e o país de acolhimento para continuar durante longos anos no plano psicológico, através do lento e difícil processo de construção de um novo lar noutro lugar, nesses quartos interiores que a comunidade e o próprio realizador tentam transformar em espaços "onde se pode viver", como têm salientado vários críticos (Martin 2020; Rosenbaum 2020). A viagem dos sujeitos migrantes, para Costa, é assim uma viagem interior, imóvel: uma atitude mental que acompanha estas pessoas mesmo quando estão quietas na solidão dos seus quartos, no espaço – de trânsito ou de destino – onde melhor podem expressar os efeitos causados pela sua deslocação física e psicológica.

Os interiores da comunidade luso-cabo-verdiana nos filmes de Pedro Costa não são, no entanto, um cenário neutro: funcionam como espaços intermitentes, heterotopias ou terceiros espaços com o intuito de acrescentar novas camadas de significado a cada um destes títulos através da sobreposição de diferentes tempos, espaços e conceitos num mesmo local e numa mesma imagem. A dimensão imaginária destes espaços interiores consegue transcender a sua condição material para oferecer uma representação da experiência migratória pós-colonial em Portugal construída através da intersubjetividade, isto é, do encontro entre a subjetividade do realizador e as das pessoas migrantes com que trabalha. Desta forma, a feliz parceria entre o realizador e a comunidade luso-cabo-verdiana tem uma dupla função comemorativa e terapêutica, já que oferece a hipótese de reviver e superar os traumas do passado através da criação de uma nova memória: a memória de fazer filmes juntos.

Bibliografia

Arenas, Fernando: "Lisbon Stories: Migration, Community and Intercultural Relations in Contemporary Cinema and Literature". *Journal of Lusophone Studies* 2(10) 2017, pp. 144–164, em https://doi.org/10.21471/jls.v2i1.64 [último acesso: 06/11/2020].

Baptista, Tiago: "Nacionalmente correcto: A invenção do cinema português". *Revista Estudos do Século XX* 9 2009, pp. 307–323.

Branco, Sérgio Dias: "Spectres of Today: The Fractures of History in *Horse Money* (2014)". *Observatorio (OBS*)* (Special Issue) 2020, pp. 39–51, em https://doi.org/10.15847/obsOBS0001811 [último acesso: 06/11/2020].

Burdeau, Emmanuel / Lounas, Thierry: "Entrevista Pedro Costa. Mi mirada y la de los actores es la misma". *Cahiers du Cinéma. España* 1 2007, pp. 114–117.

Camus, Albert (Mauro Gama, trad.): *O Mito de Sísifo*. Rio de Janeiro: Editora Guanabara 1989.

Comolli, Jean-Louis: *Voir et pouvoir*. Paris: Verdier 2004.

Foucault, Michel (Inês Autran Dourado Barbosa, trad.): "Outros espaços". In: Motta, Manuel Barros da (ed.): *Ditos & Escritos III. Estética: Literatura e Pintura, Música e Cinema*. Rio de Janeiro: Editora Forense Universitária 2009, pp. 411–422.

Hasumi, Shiguéhiko (Raul Henriques, trad.): "Aventura: um ensaio sobre Pedro Costa". In: Cabo, Ricardo Matos (ed.): *Cem Mil Cigarros. Os Filmes de Pedro Costa*. Lisboa: Orfeu Negro 2010, pp. 133–145.

Leite, João: "Sociedade de Construções Amadeu Gaudêncio". *Restos de Colecção* 12/02/2016, em https://restosdecoleccao.blogspot.com/2016/02/sociedade-de-construcoes-amadeu.html [último acesso: 12/08/2020].

Lemière, Jacques (Raul Henriques, trad.): "'Terra a Terra': O Portugal e o Cabo Verde de Pedro Costa". In: Cabo, Ricardo Matos (ed.): *Cem Mil Cigarros. Os Filmes de Pedro Costa*. Lisboa: Orfeu Negro 2010, pp. 99–111.

Lourenço, Eduardo: *O Labirinto da Saudade*. Lisboa: Publicações Dom Quixote 1978.

Martin, Adrian: "Onde se pode viver: Pedro Costa". In: Ribas, Daniel / Cunha, Paulo (eds.): *Um Novo Olhar Sobre o Cinema Português do Século Vinte e Um*. Vila do Conde: Curtas Metragens CRL 2020, pp. 133–146.

Neyrat, Cyril (Maria João Madeira, trad.): *Um Melro Dourado, um Ramo de Flores, uma Colher de Prata*. Lisboa: Midas Filmes / Orfeu Negro 2012.

Neyrat, Cyril: "Pas de génat. En avant, jeunesse de Pedro Costa". *Cahiers du Cinéma* 631 2008, p. 24.

Nora, Pierre (ed.) (Arthur Goldhammer, trad.): *Realms of Memory: Rethinking the French Past*. New York: Columbia UP 1996.

Pena, Jaime: "Entrevista Pedro Costa. Un hogar para el duelo". *Caimán. Cuadernos de Cine* 97 2020, pp. 30–42.

Rancière, Jacques (Maria João Mayer Branco, trad.): "Política de Pedro Costa". In: Cabo, Ricardo Matos (ed.): *Cem Mil Cigarros. Os Filmes de Pedro Costa*. Lisboa: Orfeu Negro 2010, pp. 53–61.

Rector, Andy (Joana Frazão, trad.): "Pappy: a rememoração dos filhos". In: Cabo, Ricardo Matos (ed.): *Cem Mil Cigarros. Os Filmes de Pedro Costa*. Lisboa: Orfeu Negro 2010, pp. 206–231.

Riis, Jacob: *How the Other Half Lives: Studies among the Tenements of New York*. New York: Charles Scribner's Sons 1890.

Romero Suárez, Brais: "Pedro Costa: unha das cousas que descubrín é que me sinto máis cómodo filmando interiores". *A Cuarta Parede* 32 30/09/2016, em http://www.acuartaparede.com/entrevista-pedro-costa/ [último acesso: 09/08/2020].

Rosenbaum, Jonathan: "*Vitalina Varela*. La película como un espacio que habitar". *Caimán. Cuadernos de Cine* 97 2020, pp. 28–29.

Ruffato, Luiz: *Estive em Lisboa e Lembrei de Você*. São Paulo: Companhia das Letras 2009.

Santos, Boaventura de Sousa: *Portugal: Ensaio contra a Autoflagelação*. São Paulo: Cortez Editora 2014.

Soja, Edward: *Thirdspace: Journeys to Los Ángeles and Other Real-and-Imagined Places*. Oxford: Blackwell Publishers 1996.

Villarmea Álvarez, Iván: "Blinking Spaces in Contemporary Psychogeographical Documentaries". In: Rosário, Filipa / Villarmea Álvarez, Iván (eds.): *New Approaches to Cinematic Space*. New York / London: Routledge 2019, pp. 111–128.

Villarmea Álvarez, Iván: "Blinking Spaces: Koyaanisqatsi's Cinematic City". In: Suárez, Juan A. / Walton, David (eds.): *Culture, Space and Power: Blurred Lines*. Lanham: Lexington Books 2016, pp. 33–43.

Villarmea Álvarez, Iván: "El hallazgo de una nueva ficción documental. La Trilogía de Fontaínhas de Pedro Costa". In: Muñoz Fernández, Horacio / Villarmea Álvarez, Iván (eds.): *Jugar con la memoria. El cine portugués en el siglo XXI*. Santander: Shangrila 2014, pp. 20–49.

Filmografia

Alves, Ruben: *A gaiola dourada*. França / Portugal 2013. (90 min.)

Barahona, José: *Estive em Lisboa e lembrei de você*. Portugal / Brasil 2015. (94 min.)

Canijo, João: *Ganhar a vida*. Portugal 2001. (115 min.)

Costa, Pedro: *Vitalina Varela*. Portugal 2019. (124 min.)

Costa, Pedro: *Cavalo dinheiro*. Portugal 2014. (103 min.)

Costa, Pedro: *Sweet exorcist*. Portugal 2012 (24 min.)

Costa, Pedro: *O nosso homem*. Portugal 2010. (24 min.)

Costa, Pedro: *A caça ao coelho com pau*. França / Coreia do Sul 2008. (24 min.)

Costa, Pedro: *Tarrafal*. Portugal: Fundação Calouste Gulbenkian / LX Filmes 2007. (16 min.)

Costa, Pedro: *Juventude em marcha*. Portugal / França / Suíça 2006. (156 min.)

Costa, Pedro: *No quarto da Vanda*. Portugal / Alemanha / Suíça / Itália 2000. (179 min.)

Costa, Pedro: *Ossos*. Portugal / França 1997. (98 min.)

Costa, Pedro: *Casa de lava*. Portugal 1994. (111 min)

Haneke, Michael: *Amor*. Áustria / França / Alemanha 2012. (127 min.)

Kaurismäki, Aki / Costa, Pedro / Erice, Víctor / Oliveira, Manoel de: *Centro histórico*. Portugal 2012 (96 min.)

Martins, Marco: *São Jorge*. Portugal / França 2016. (112 min.)

Nobre, Susana: *Vida activa*. Portugal 2014. (92 min.)

Oliveira, Manoel de: *Viagem ao princípio do mundo*. Portugal / França 1997. (95 min.)

Pinho, Pedro: *A fábrica de nada*. Portugal 2017. (177 min.)

Pinto, João Nuno: *América*. Rússia / Brasil / Espanha / Portugal 2010. (111 min.)

Rocha, Marília: *A cidade onde envelheço*. Brasil / Portugal 2016. (99 min.)

Walter Salles / Thomas, Daniela: *Terra estrangeira*. Brasil / Portugal 1995. (110 min.)

Tréfaut, Sérgio: *Viagem a Portugal*. Portugal 2011. (75 min.)

Tréfaut, Sérgio: *Lisboetas*. Portugal 2004. (104 min.)

Villaverde, Teresa: *Transe*. Itália / Rússia / França / Portugal 2006. (126 min.)

Bernhard Chappuzeau

Karim Aïnouz: a temática migratória no cinema brasileiro e o filme como meio migratório

A narrativa sobre o Estado-Nação no Brasil, o cinema brasileiro sobre migração e o filme como meio migratório

O cinema sempre fica caraterizado como viagem, passagem ou travessia para conhecer outras perspetivas, lugares e culturas, já que o deslocamento por meio do filme apresenta uma dimensão central da nossa compreensão da inter-subjetividade. Além disso, as modalidades artísticas refletem elas próprias os movimentos migratórios de conceitos fílmicos, contatos linguísticos e outros aspetos de produções mobilizadas entre as culturas. Estudos sobre o cinema brasileiro enfatizam a relevância da localização cultural e a representação cole-tiva da nação: "Brazilian films can still most usefully be viewed first and fore-most as products of their local cinematic culture and socio-political context" (Shaw / Dennison 2007, p. 1). Na perspetiva dos críticos, cada movimento cine-matográfico fica emoldurado e delimitado num contexto político-social que contribui para o projeto aberto da história da nação. Assim o detalha Lúcia Nagib: "Cinema has almost always, even when it has got it wrong, acted as a kind of moral opinion poll, sounding out the collective soul of the Brazilian people, as well as playing a significant role in documenting the nation's histori-cal process" (Nagib 2007, xi). Os estudos de Andrew Higson esclarecem que a ideia do cinema nacional propõe um marco normativo de identificação para se focar na comunidade imaginada. Na verdade, o cinema sempre se afastou desse conceito devido às formas de produção e receção: "es inapropiado suponer que el cine y la cultura fílmica estén circunscritos por los límites del estado-nación" (Higson 2014, p. 1008).

O filme simbólico da Retomada[1], que revitaliza este imaginário normativo depois da queda da indústria cinematográfica nos anos noventa, é *Central do Brasil* (1998), de Walter Salles, porque procura uma "convergência para o

---

1 Para uma apresentação detalhada desta etapa do cinema brasileiro entre 1993 e 2000, veja-se Nagib (2002 e 2005).

coração de um país que precisa mostrar sua cara. O filme se abre com imagens frontais de atores escolhidos entre populares, de idades, sexos e cores variadas, que ditam cartas com sotaques das diferentes regiões do Brasil" (Nagib 2005, p. 39). Desde então, os grandes temas determinantes do cinema brasileiro são a exclusão social, a divisão entre ricos e pobres e a violência na vida cotidiana. Com produções bem-sucedidas como *Cidade de Deus* (2002), de Fernando Meirelles e Kátia Lund, e *Tropa de Elite* (2007), de José Padilha, a violência da favela é interpretada no estrangeiro como realidade comum da vida brasileira – apesar do discurso crítico no Brasil (Bentes 2007) – e constitui uma garantia de autenticidade nos grandes públicos internacionais: "Brazilian society's reaction reveals the fear of a threat imposed by a new discourse, an external multi-languagedness speech, establishing a new cultural trend (Fitzgibbon 2011, p. 208)[2]. Esse forte marcador discursivo da violência é ainda hoje algo muito presente e obriga os cineastas brasileiros a pensar cuidadosamente sobre as possibilidades de seus filmes fora do Brasil.

A migração como temática tem sido presença constante no cinema brasileiro, enfocando a migração interna entre as regiões rurais desfavorecidas e as grandes cidades, sobretudo o êxodo do Sertão, um motivo fílmico muito recorrente desde a obra maestra *Viramundo* (1965), de Geraldo Sarno. A grande diferença entre o Cinema Novo[3] de então e o cinema atual consiste na relevância regional e internacional já mencionada. "A estética da fome" (Rocha 2004 [1965]) do Cinema Novo visava mudar a situação social no Brasil e baseava-se no conceito ideológico da "iconografia latino-americanista mítica" (Velleggia 2009), enquanto o cinema atual calcula sempre seu alcance nos festivais e distribuidoras internacionais. Um belo exemplo do cinema nacional em contato com estéticas do cinema de arte internacional é *Cinema, aspirinas e urubus* (2005), de Marcelo Gomes (com a colaboração de Karim Aïnouz)[4]. Inspirado

---

2　Para uma apresentação detalhada e precisa deste discurso, veja-se Hermanns (2010).

3　O movimento político do Cinema Novo inicia-se com o projeto grupal *Cinco vezes favela* (1962), de Miguel Borges, Cacá Diegues, Marcos Farias, Leon Hirszman e Joaquim Pedro de Andrade. No final dos anos 60, o movimento tornou-se parte do tropicalismo e o filme mais emblemático desta etapa é *Macunaima* (1969) de Joaquim Pedro de Andrade. Para uma discussão da relevância regional e internacional do Cinema Novo nos anos 60 e 70, veja-se Shaw / Dennison (2007, pp. 81–90).

4　Entre os prêmios mais importantes incluem-se *Un certain regard* do festival de Cannes, que abriu os mercados do cinema de arte na Europa, e o prêmio do Ministério da Educação da França, que garantiu a distribuição do filme, através de um DVD pedagógico, para aproximadamente um milhão de estudantes franceses.

num relato de viagem do tio-avô do cineasta no ano de 1942, o trabalhador rural Ranulpho (João Miguel Serrano) conhece o alemão Johann (Peter Ketnath), que exibe filmes e vende aspirinas nas aldeias sertanejas. A bela fotografia da viagem favorece a imaginação e a percepção sensual do momento em vez de dramatizar a ação.

Apesar de o Brasil ter sido um dos principais países da emigração europeia no século XIX e XX[5], a visão da imigração histórica é uma temática relativamente nova no cinema brasileiro. Projetos documentais baseiam-se na pesquisa atual sobre o passado. Uma plataforma internacional fomentada pela Organização Internacional para as Migrações é o Festival Internacional Cine Migração[6]. O filme brasileiro mais importante da edição de 2019 foi *Jovens polacas* (2019), de Alex Levy-Heller, sobre as escravas judias traficadas do leste da Europa para o Brasil.

As crises econômicas dos anos 80 e 90 despertaram o sonho americano no Brasil e a emigração brasileira tornou-se o movimento principal. Na atualidade, o fluxo migratório de pessoas que exercem atividades de pouca qualificação para os EUA é extremamente intenso. Apesar da migração contínua para os EUA, o Japão e a Europa, a migração de brasileiros para o exterior não é um tema de eleição do cinema brasileiro. O cineasta Karim Aïnouz, bolsista da Alemanha e residente em Berlin no ano de 2004, trata a temática com dupla motivação como reflexo tanto das experiências pessoais em Berlim, como da necessidade de seguir o caminho da sua reputação internacional no cinema de arte independente na Europa. O filme *Praia do Futuro* (2014) narra a história de dois irmãos brasileiros que chegam à Alemanha em circunstâncias bem diferentes, com um intervalo de oito anos. O filme é um exemplo destacado nesse contexto da migração e das travessias para o exterior com caraterísticas dramáticas e meta-fílmicas que explicam tanto diferentes motivações, como processos de contato intercultural das pessoas inseridas.

Em síntese, a nível global, o cinema de migração desenvolve duas dimensões: por um lado, a de tratar a migração como temática histórica e atual e, por outro lado, a de pôr em relevo as caraterísticas próprias do meio nos atos de cruzar fronteiras culturais tanto ao nível de criação e produção do filme, como da distribuição e receção internacionais. O filme de Karim Aïnouz se apresenta como um caso particular e representativo para estudar estas duas dimensões

---

5   Para uma apresentação estadística, veja-se Stelzig (2008).
6   OIM Brasil, Organização Internacional para as Migrações, em https://brazil.iom.int/cine-migracao [último acesso: 15/07/2020].

em simultâneo, bem como para documentar uma fase intensa de mudança no cinema brasileiro.

Depois dos anos do cinema da Retomada e da estimulação da cultura nacional, um cinema independente se instala e circula nos foros internacionais, nos grandes festivais, em seus laboratórios e programas de financiamento. O cinema independente mostra fortes rasgos dum cinema migratório, porque a migração já não é só um argumento, mas também uma caraterística intrínseca dos seus processos de filmar com meios multipartidários localizados em diferentes países (Chappuzeau 2019, pp. 61–80). Karim Aïnouz representa uma tendência crescente do filme de arte em movimento entre as culturas. Este capítulo procura explicar as condições dessa mudança do cinema independente contemporâneo, que perdeu as localidades nacionais, o apoio popular e os conceitos tradicionais no caminho da globalização. Ao mesmo tempo, articula uma correspondência entre as formas de filmar e a qualidade de contar uma fábula sobre a perda das raízes culturais e o encontro com outras.

A degradação pornográfica da indústria cinematográfica brasileira na legislação de Fernando Collor de Mello – em 1992 só se produzem dois filmes sem conteúdo pornográfico (Caetano 2007, p. 197) – concluiu com a reestruturação do mercado a favor dos consórcios internacionais, ao mesmo tempo que se diversificava um apoio internacional com objetivos artísticos e um financiamento parcial de miniprojetos sem compromisso de distribuição nem fins lucrativos (cf. Chappuzeau 2019, pp. 43–49 e 73–80). Hoje em dia, as associações de cinofilia, a cultura de festivais nos centros culturais e as redes alternativas de produção aumentam o fluxo entre diferentes culturas fílmicas. Por isso, a migração de conceitos fílmicos precisa de uma certa modalidade artística migratória e duma linguagem fílmica partilhada para facilitar a compreensão e estimular a sensibilidade dos espetadores.

Alguns modelos internacionais no Brasil, muito influentes nos últimos vinte anos, são as produções artísticas da China (Jia Zhangke), de Hong-Kong (Wong Kar-wai), de Taiwan (Tsai Ming-liang), do Irã (Abbas Kiarostami), da Rússia (Alexander Sokúrov), da França (Claire Denis), da Hungria (Bela Tarr) e outros pequenos países da Europa que promovem a diversidade cultural[7]. Eles produzem um novo paradigma fílmico em relação à globalização, adotado pelos festivais, como por exemplo pelo festival de São Paulo. Os filmes refletem a situação particular dos cineastas que estabelecem contatos noutros países e começam a

---

7 Para uma apresentação detalhada e precisa deste discurso com muitas fontes brasileiras, veja-se Chappuzeau (2019, pp. 62–70).

fazer parte de outras culturas. Os artistas procuram continuar a sua vida artística nestas novas circunstâncias e alteram os hábitos e os costumes dos frequentadores do cinema de arte.

O cinema do corpo como efeito da travessia: o caminho de Karim Aïnouz

As utopias diante da cruel realidade da pobreza nas grandes cidades relacionam-se com as paisagens emblemáticas do passado, mas essas bases ideológicas têm vindo a perder a sua relevância. A condensação simbólica reduz-se a uma verdade imaginária que fica dominada pela presença física cada vez mais pronunciada do filme sensual, menos discursivo e mais performativo, como visto no influente filme de Walter Salles, *Abril despedaçado* (2001), realizado com a importante colaboração de Karim Aïnouz. Precisamente, a imagem do Brasil, como um país violento com maior desigualdade social, consolidou uma receção estereotipada do cinema brasileiro nos países vizinhos com uma exotização ambígua, uma mistura de estigma e idealização, como Marina Moguillansky esclarece no artigo "¿Qué ves cuando me ves?: la recepción del cine brasileño por la crítica cinematográfica en Argentina" (Moguillansky 2013, p. 127). *Abril despedaçado* foi mal interpretado pela revista *El Amante* e avaliado como estética turística dum multiculturalismo e duma arquitetura vendável e desprovida de risco estético para uma caça a festivais (Moguillansky 2013, p. 126). A acusação de que este se trata de um produto de exportação desprovido de autenticidade produz desconforto diante da realidade precária do filme de arte independente.

O título *Madame Satã* (2002), o primeiro filme dirigido por Karim Aïnouz, é sintomático de projetos artísticos que combatem a lógica da relação entre o consumismo e a estética de imagens violentas. O filme não apresenta um *biopic* dramático da vida do criminoso João Francisco dos Santos nos anos 1930 e evita claramente os conceitos de heroísmo, sentimentalismo ou maniqueísmo. Como contra-cinema à onda de violência e injustiças sociais, Aïnouz esboça o personagem João Francisco (Lázaro Ramos) com um antagonismo multifacetado. Aïnouz mostra a vida cotidiana alegre do pai duma família *patchwork* com uma prostituta, sua filha e um travesti que faz serviços domésticos, quando o protagonista intransigente se deixa levar por uma estranha violência caprichosa. O crítico Azeredo descreve-o como um filme "seco sem abrir mão da afetividade entre os protagonistas", mas ao mesmo tempo, a filmagem do bairro da Lapa, 80 por cento noturna, reforça um calor visual e um "élan poético em contraste com as sombras" (2009, p. 53). O filme descuida os espaços e as relações sociais do bairro porque "a principal paisagem do filme é a do corpo [...] para que a textura da pele, a presença do corpo fossem absolutamente definidores do personagem" (Azeredo 2009, p. 54). Está muito claro que Aïnouz teve de omitir a vida do Carnaval como qualquer outra alusão da cultura popular dominante. O filme é uma proposta para nos assombrarmos e experimentarmos as sensações visuais como narrativa própria do corpo, como única forma de expressão.

Uma década depois de *Abril despedaçado* e *Madame Satã*, o afeto pela natureza do Norte se transforma realmente numa visão alheia. O filme *Praia do Futuro* (2014) articula o abandono da cultura brasileira com a busca por uma oportunidade de vida fora do Brasil. Essa mudança anuncia uma transição que propõe relações desarraigadas, sem raízes, oscilando entre espaços. A mensagem do cineasta afasta-se cada vez mais do substrato simbólico dos seus críticos. A vida diária parece desorientada e não processada pela reflexão. Substituiu uma cultura popular que antes tinha sido entendida como localizada num contexto político-social específico.

Para explicar o estilo fílmico de Karim Aïnouz, é importante lembrar a sua colaboração com o cineasta Marcelo Gomes no projeto conjunto realizado ao longo de muitos anos com o título: *Viajo porque preciso, volto porque te amo* (2009). A trajetória para a realização deste filme, que abrange quase uma década, mostra uma profunda confusão dos cineastas. Dois meses de filmagem sem roteiro de paisagens e pessoas do Sertão levam à perda de orientação dos cineastas face à extensão do material improvisado. O encantamento da paisagem e suas vilas não dissimula a alienação dos cineastas. A montagem duma média-metragem com o título *Sertão de acrílico azul piscina* (2004) não consegue convencer. Uma etnografia duvidosa manifesta-se nesta primeira compilação de episódios. A perspetiva distante não transmite o registo de viagem, a "risca asfáltica para fazer um documentário on the road" (Santos Lima 2009). O abandono do projeto torna-se uma provisão fundamental para poder reestruturar os materiais mais tarde, com a aplicação dum monólogo fictício do geólogo perdido José Renato (interpretado pelo ator Irandhir Santos). O personagem aproveita o objetivo laboral de valorar rotas para a construção dum canal entre um rio importante e uma região isolada para fazer uma viagem existencial depois do abandono pela esposa amada. Os lugares vazios refletem seu estado de abandono e falta de orientação. Como resultado deste processo, os cineastas sentem a necessidade de voltar às paisagens para filmar novamente. A longa-metragem final aparece como um híbrido inacabado de imagens de quartos, lugares e pessoas capturadas pelos cineastas que não pretendem suturar as duas filmagens e o monólogo adicional sem dissimular as marcas destas três partes: "uma camisa de força de dramaturgia, que tentará a todo custo conformar aquelas imagens e sons a um caminho reiterativo, onde os simbolismos invariavelmente se perdem em excesso" (Andrade 2010). O título poético do projeto, *Viajo porque preciso, volto porque te amo*, surge dum *objet trouvé*, um objeto encontrado e filmado no caminho: uma pintura na parede num banheiro público (00:09:20).

Entre os elementos estéticos se destaca o uso da câmera. A abordagem da câmera para o filmado é imediata e abrupta. Expõe a deficiência lenta e pesada do movimento e transforma a experiência do corpo num fluxo dinâmico. Os complementos espaciais, a arquitetura das vilas e a vasta extensão do deserto mostram ao mesmo tempo um afastamento intransitável: o contato do personagem com o entorno tende a ser limitado, um ambiente imediato à mão no sentido fenomenológico de Heidegger[8]. O entorno afasta-se em imagens manchadas da viagem com paisagens passageiras intocáveis. Não há nenhuma intermissão harmónica, a narrativa não explica nem simboliza o seu conteúdo, que parece relativamente seco em termos duma leitura ideológica ou afetiva. Em síntese, a estética do corpo nega a força mediática da imagem, já que as paisagens permanecem intocáveis e a travessia esconde seu destino. A câmera não se coloca acima desta realidade.

Outro exemplo desta intensa colaboração entre os dois artistas é o filme já mencionado, *Cinema, aspirinas e uruburus* (2005). Na obra prima de Marcelo Gomes, Karim Aïnouz destaca, como roteirista, a dinâmica física dos corpos. Gomes e Aïnouz mostram as necessidades das pessoas e expõem novamente a sua percepção limitada. Não permitem uma distância reflexiva dos espetadores para processar o que acabam de ver. A experiência duma vida tão limitada é propensa a formular ilusões ao invés de reflexões. A câmera oscila entre enquadrar e subtrair. A imagem deficiente derivada deste processo não compensa a falta da instância narrativa. A mais-valia ocasional dos espaços imprecisos e elementos desarticulados produz na crítica a sensação de ver uma obra única (Valente 2005). Por outro lado, e em contraste com a perfeição fotográfica, a limitação da imagem se revela um incômodo.

---

8   O conceito de "Zuhandenheit" (*estar-à-mão*) de Heidegger é frequentemente utilizado para exemplificar a construção do mundo como extensões do corpo no pensamento humano (Heidegger 1951, pp. 120–129). O modo de perceber o espaço perto do ser indica uma qualidade existencial da orientação. O filme cria a sensação de espacialidade como modo de ver em torno para fortalecer o vínculo entre o pensamento e as sensações do corpo.

O conceito do cinema migratório no filme *Praia do Futuro* (2014)

No filme *Praia do Futuro*, a emigração de dois irmãos brasileiros para a Alemanha produz situações indefinidas e contrastes incompatíveis: o salto em espera, a permanência em trânsito, a comunicação incompreensiva, a construção elíptica da família, o vazio e a sensação melancólica do futuro. O calor e a alegria do passado brasileiro ficam impregnados de perda e de morte, que são precisamente os únicos elementos de união emocional, enquanto o presente, marcado pela procura de um futuro, ocorre num frio permanente, num inverno e numa primavera alemã que não chega a sentir o calor do verão, apesar de apresentar um lapso de tempo de oito anos. A lógica temporal sucessiva do filme elimina as mudanças locais das estações do ano: verão no Brasil, inverno-primavera-inverno na Alemanha. As condições atmosféricas do filme fazem esquecer ou desaprender as pautas temporais. *Praia do Futuro* não é uma história de amor, nem é um filme dramático da migração. Seus grandes temas são a transformação como capacidade de resiliência e a confluência de lugares opostos que produz uma deslocação e convivências transitórias. O espetador pode sentir-se próximo das incertezas através das suas sensações do corpo, sem jamais chegar a um estado emocional de empatia ou identificação. O filme dissolve a posição privilegiada do espetador, que deixa de se conceber como personagem central dum argumento.

No primeiro capítulo, com o título "O abraço do afogado", o motociclista alemão Konrad (Clemens Schick) perde seu amigo e namorado nas ondas bravas da famosa praia de Fortaleza, mas o grande derrotado é o salva-vidas Donato (Wagner Moura), que até então não tinha deixado ninguém se afogar. Para o seu irmão mais novo Ayrton, de dez anos (Savio Ygor Ramos), Donato é Aquaman, o herói invencível. Mas Donato está desesperado. Resta saber se ele pode vencer o poder do mal. Ayrton diz que vai salvá-lo, mesmo tendo medo da água. Dentro de pouco tempo, a perda desencadeia a relação sexual entre Donato e Konrad e uma mudança súbita: o mundo perfeito com as belas fotografias da praia desmorona e a fuga para Berlim surge como único caminho para o autodescobrimento. Na segunda parte, com o título "Um herói partido ao meio", Donato se encontra em Berlim com o seu namorado Konrad em pleno inverno. Em seguida, surge o conflito entre a insistência e a dissolução da identidade no estrangeiro. O deambular transcende os graves problemas ocultos do personagem brasileiro, num trânsito contínuo. Por uma vez, Donato quer mesmo voar de volta para o Brasil, já tem a passagem, mas fica em Berlim sem restabelecer contato com a família. Karim Aïnouz reconhece esse momento como a viragem mais decisiva do filme:

> Era importante que o filme falasse de personagens que se aventurassem, tivessem coragem e não medo. Queria que essa coragem os deixasse em movimento. [...]. As questões de deslocamento e estranhamento estão presentes no filme, mais do que a questão clássica da imigração. Queria tratar de como você se coloca em outro espaço e como um lugar estrangeiro pode ser libertador. A cena em que ele decide ficar, se arriscar sem saber o que vai acontecer foi muito importante na história do filme.
>
> (Deutsche Welle 11/02/2014)

Não é coincidência que Aïnouz escolha Berlim como a cidade do futuro num sentido peculiar, como explica numa entrevista na Alemanha:

> Berlin ist wie ein alter Mann, gefangen im Körper eines jungen Mannes. Es ist eine Stadt, die viel Schmerz, Krieg und Wandel durchgemacht hat. Sie hat so viele Narben, Wunden und vergossenes Blut. Aber ich bin kein Deutscher, ich kann all dies verstehen, aber ich trage nicht die Last der Geschichte, wie es die Deutschen tun. Für mich ist Berlin wie ein Phönix. [...] Die Leere Berlins lässt mich an die Zukunft denken – wie wird es aussehen, wenn die Stadt wieder komplett bevölkert ist? Wenn ich die Straße entlanggehe, sehe ich viele leerstehende Grundstücke. Diese Orte wurden bombardiert und stehen seitdem leer. Die meisten wurden zu öffentlichen Flächen – zu Spielplätzen, kleinen Parks, Sportplätzen. Es ist eine Stadt voller Löcher, voller unbeschriebener Seiten. Die Schauplätze, an denen der Film spielt, ergänzen sich auf viele Arten. Und vielleicht liegt der wahre Praia do Futuro an einem Ort, der erst noch enthüllt werden muss.
>
> (Kühn / Jones 2014, p. 8)

Na perspetiva do cineasta, a cidade de Berlim conserva espaços vazios, mostra as feridas abertas do passado e expõe assim para ele a distopia discreta de Fortaleza. Num estado oscilatório, o brasileiro encontra ali o espaço necessário de inspiração para trabalhar o tema do desarraigamento e do futuro desconhecido.

Por outro lado, o contratema dos episódios na Alemanha recusa a intensidade do movimento do corpo: a Alemanha aparece como centro de gravitação. O personagem alemão do filme, Konrad, é monocromático, duradouro, reservado, com poucas nuanças e um raio de ação limitado. Donato também parece muito mais limitado na Alemanha, lento e pesado, quase fica impávido, sem motivações nem mudanças. Ele evita tomar as decisões duma forma ativa. As falhas na comunicação entre as línguas cruzadas evidenciam também os estereótipos entre alemães e brasileiros. Em certo momento do filme, a empregada dum bar diz para um melancólico Donato que admira que todos os brasileiros sejam felizes, enquanto Donato conta sua história na língua materna e a empregada não tem a menor ideia do conteúdo.

A gravidade da permanência deprimida nos lugares frios na Alemanha detém a mirada e permite perceber as sutilezas do filme. A comunicação impossível produz um espaço ressonante na natureza do inverno e do início da primavera, que sempre está a ponto de mudar, mas que não logra se desprender da imobilidade. Martin Lefebvre descreve dois motivos narrativos de paisagens: por um lado, apresenta o momento de calma (os tempos mortos) e, por outro lado, desloca ou substitui a atenção para fora do processo narrativo (Lefebvre 2006, p. 38). De acordo com Gernot Böhme, estamos condicionados a perceber sinais de nosso ambiente que não geram uma atuação, mas que requerem nossa resposta imediata a cada momento. O ambiente atmosférico não mais apresenta uma extrapolação do estado interior do personagem, mas a qualidade atmosférica designa a capacidade de absorver seus impulsos: "what is perceived is an indeterminate spatially extended quality of feeling" (Böhme 1993, p. 118). A atmosfera se introduz e se evidencia sem mediação e cria um espaço livre de acontecimentos como contraparte do verbo-centrismo do relato organizado e orientado. Além disso, a paisagem fica investida de significados culturais. O entorno como espaço vivido e utilizado forma parte da experiência do espetador e reproduz um contato para fortalecer um vínculo direto entre o personagem e o espetador por meio das sensações corporais. Cada manifestação de sensibilidade revela um ato participativo do espetador no aparecimento das atmosferas: "They are affective powers of feeling, spatial bearers of moods" (Böhme 1993, p. 119). O conceito atmosférico já não dissimula um transcurso, mas registra a contingência do ser no mundo.

O processamento espacial e atmosférico precede a experiência e a memória. No último capítulo, com o título "O fantasma que falava alemão", destaca-se a latência e a recusa do vínculo com o passado. Ayrton (Jesuita Barbosa), o irmão mais novo, que tinha Donato como ícone, já tem 18 anos quando chega a Berlim e confronta Donato com a renegação do passado e da sua família. Donato e Ayrton encontram-se no elevador do prédio onde Donato mora. Ayrton poupou e aprendeu alemão a procurar seu irmão. Fica duas semanas em Berlim quando segue Donato: "Hey, hast du mich vermisst? Se esqueceu de mim?". A agressividade de Ayrton, que bate em seu irmão, complementa a desesperação de Donato. Pela primeira vez, Donato faz perguntas: como está a mãe, como estão as duas irmãs? Mas Ayrton só fala sobre as irmãs. Uma foi como secretária para o Rio de Janeiro, enquanto a outra ainda fica na praia "com um gajo que fuma charros"[9]. Apesar das vias de comunicação, a distância entre aí e aqui parece

---

9   Transcrição do filme.

infranqueável. Mas no filme *Praia do Futuro* pouco se diz ou se fala, não há, por exemplo, conversas entre Donato e Konrad sobre relações e sentimentos. Ayrton tem o papel de intermediário para esclarecer o lado escuro da incomunicação:

> Mãe morreu, Donato. Tinha algo com os pulmões. Quer que diga a verdade? Faz um ano, cinco meses e três dias hoje. Fiz economias para vir para cá. Para ver se está vivo ou morto. Mamãe morreu. Eu cresci. [...] Não objeto que você goste de ver o mundo. [...] E porque te foi, que te esperavam, não? Que você faça que assim foi? Por que te foi embora? Eh, responda, barbudo. Por que te sumiu? Tão veado egoísta. Que gosta de estar escondido e fode no Polo de Norte.[10]

O desarraigamento se apresenta irreversível, já que a mãe faleceu um ano e meio atrás, sem que Donato retomasse o contato durante oito anos. Finalmente, os três homens partem numa viagem em moto para o mar. Fazem uma caminhada ao meio do baixio do Mar do Norte (Wattenmeer). Donato explica a beleza do mar sem água e propõe compartilhar um futuro sem medo. A mudança não constrói um novo começo como conclusão, mas demostra de novo a travessia incerta, sem fim.

Karim Aïnouz não dissolve o antagonismo no contato entre as culturas. O Brasil reduz-se às belas imagens do verão fugaz do passado, imediato, mas inacessível. A Alemanha revela-se como um inverno sem fim, lento e pesado, na cidade de Berlim infinda, brumosa e fria. Nas entrevistas de imprensa, Aïnouz fala da necessidade do aprendizado e da tradução:

> Foi um exercício de imaginação fazer esse filme, já que Brasil e Alemanha são dois países com poucas relações culturais. Foi um trabalho de tradução e aprendizado com a equipe. [...] É importante estar no mundo. Diferença produz tolerância. É sempre bom quando você é exposto a cinematografias de outros lugares, nas quais você pode mergulhar em outras culturas e experiências humanas.
>
> (Garrett 2014, s.p.)

Aïnouz não apresenta um pensamento nômade de autoconfiança do mundo cosmopolita unido. Mais precisamente, a perda e o ato contínuo de errar produzem empatia e tolerância. As personagens do cineasta estão sempre fora de casa, em trânsito ou de saída. Sua vida é marcada pelos sentimentos antagônicos (Herculano 2014). Surpreende o comentário de Aïnouz sobre o cinema de arrebatamento: "Quando comecei a fazer esse filme eu me lembrei de uma frase americana muito usada quando tem guerra: 'I want to win hearts and minds', 'quero dominar corações e mentes'. Eu queria que ele tivesse um fim

---

10 Transcrição do filme.

arrebatador" (Garrett 2014, s.p.). Sem dúvida, *Madame Satã* apresenta, no melhor sentido, o cinema de arrebatamento na trajetória de Aïnouz. O cantor bailarino lutador defende sua vida e sua família numas sequências fílmicas explosivas. Mas *Praia do Futuro* parece muito mais marcado pelo aumento da incerteza num tempo extenso de espera.

Na crítica da revista *Cinética*, uma das maiores referências da crítica brasileira e fonte de referências intertextuais e intermediais, Pablo Gonçalo explica sua interpretação através das relações com o filme de arte internacional e presta homenagem aos grandes ícones da arte cinematográfica na América Latina: o fluxo sensório dos corpos transitórios de Claire Denis, os personagens fantasmáticos de Tsai Ming-liang, as experimentações de travessia de Wim Wenders, o ensaio imagético de Rainer Werner Fassbinder. Por meio desta interpretação podemos aclarar como se entrelaçam o cinema de migração como temática e o cinema migratório como conceito do cinema de arte: "Como se fossem resquícios geográficos transpostos e inconciliáveis eles transformam-se, assim, em entre-lugares sobrepostos e justapostos que dilapidam uma coerência corporal e emocional" (Gonçalo 2014, s.p.). As cenas do treinamento dos soldados salva-vidas na praia com a coreografia dos belos corpos musculosos "aposta no afeto intenso que transita entre os corpos, como um fluxo sensório" (ibid.) que reatualiza as coreografias marciais da legião estrangeira no filme *Beau travail* (1999), de Claire Denis (Fig. 1).

Fig. 1 *Praia do Futuro* (2014) rende homenagem à coreografia sensual dos soldados no filme *Beau travail* (1999) de Claire Denis (©Pro Fun Media, Marketing Download, 2014, em https://www.pro-fun.de/php/detail.php?film_id=507 [último acesso: 15/07/2020].)

Os personagens fantasmáticos no filme *Ni na bian ji dian / Que horas são aí* (2001), de Tsai Ming-liang, mostram uma imobilidade melancólica muito parecida à situação de Donato (Fig. 2).

Fig. 2 *Praia do Futuro* (2014) lembra os personagens que não comunicam no filme *Que horas são aí* (2001) de Tsai Ming-liang (©Pro Fun Media, Marketing Download, 2014, em https://www.pro-fun.de/php/detail.php?film_id=507 [último acesso: 15/07/2020].)

O estudo meditativo de luto e vazio interior se conjuga com uma dramaturgia de cores intensas muito parecida em ambos os casos. Os conceitos migratórios do cinema de arte produzem inter-relações intensas com imagens ausentes do passado. O cinéfilo descobre um campo extenso por trás das imagens com itinerários infinitos.

Igualmente chamativas são as correspondências com o filme-ensaio alemão de Wim Wenders e Rainer Werner Fassbinder. Karim Aïnouz adota um modo reflexivo semelhante de focagem detida e detalhada, sem cortar para estender os momentos de flutuação. Para além do modo de filmar, Aïnouz também dá nova vida a cenas muito conhecidas. A cena no S-Bahn [bonde] em Berlim, por exemplo, lembra a última viagem de trem no filme *Alice in den Städten / Alice nas cidades* (1974), de Wim Wenders. Como já vimos na entrevista com Aïnouz, a cena apresenta um momento decisivo do filme. Na crítica cinematográfica, a imagem da viagem de trem em *Alice nas cidades* significa um novo modo de vida de libertação das restrições normativas da realidade (Westphal 2010). Não importa que a viagem de trem tenha ou não um destino. A visão preocupada do futuro é substituída pela alegria ansiosa. Desta forma, a riqueza intermedial produz diferenças. As travessias fílmicas do filme-ensaio nos anos 70 tinham pontos de referência precisas como início, transformação e final. O cinema contemporâneo carece desta certeza.

Karim Aïnouz não apresenta fronteiras entre culturas diferentes, mas situações indefinidas nos lugares que não remetem para espaços específicos. A receção atual do chino-taiwanês Tsai Ming-liang, da francesa Claire Denis e dos alemães Wim Wenders e Rainer Werner Fassbinder são exemplos típicos duma tendência no filme de arte não apenas no Brasil, mas também na Europa. Neste sentido, produz-se um fluxo entre culturas cinematográficas que não apenas se entendem como alheias, mas também como complementos da mesma vontade de sentir e de se relacionar com outras culturas na criação de espaços transculturais no cinema. *Praia do Futuro* trata a migração de brasileiros na Europa como tema e torna-se um filme representativo duma tendência do cinema transnacional nos festivais internacionais ao nível global.

Conclusão

O filme *Praia do Futuro*, de Karim Aïnouz, mostra caminhos da migração e do desarraigamento entre a América Latina e a Europa, dando o exemplo de um amor entre um brasileiro e um alemão e o exemplo do seguimento do irmão depois da perda da mãe. Para além disso, reflete sobre o deslocamento e a travessia entre as culturas por meio de uma estética que antecipa um sistema partidário da percepção cinematográfica radicada em diferentes culturas. Desta forma, além da migração como temática, este capítulo propõe o conceito do cinema migratório como conceito viajante do cinema transnacional ou, melhor dizendo, dum cinema transcultural[11]. A forma de rodar um filme apropriado para festivais e para os mercados do cinema *arthouse* independente articula e rearticula a situação dos artistas e sua experimentação ativa entre as culturas, favorece a sensibilidade dos espetadores em diferentes países e facilita a compreensão como ponte entre imagens conhecidas e elementos desconhecidos no seguimento dos caminhos dos protagonistas. O filme anuncia as travessias de personagens como mudanças cinematográficas, oscila entre espaços e dá forma à experiência própria. O suspenso da imagem articula uma constelação de deslocamento e uma diferença como consideração, respeito e autonomia. O modo artístico produz uma consciência de imersão conceptualizada e transparente como nova disposição sensível. Desta forma, o cineasta incentiva a estética

---

11   Para o conceito do cinema transcultural contemporâneo, veja-se também o ensaio de Ballesteros (2014).

participativa na formação de linguagens artísticas cada vez mais unificadas, com vista a reformular o cinema como espaço decentralizado e agilizado das inter-relações culturais, enquanto parte das culturas de migração do século XXI entre a América Latina e a Europa.

Bibliografia

Andrade, Fábio: "Primeiro dia: o apocalypse em pureza". *Cinética* 2010, em http://www.revistacinetica.com.br/tiradentes10dia1.htm [último acesso: 15/07/2020].

Azeredo, Ely: *Olhar Crítico. 50 Anos de Cinema Brasileiro.* São Paulo: Instituto Moreira Salles 2009.

Ballesteros, Isolina: *Immigration Cinema in the New Europe.* Bristol: Intellect 2014.

Bentes, Ivana: "Sertões e favelas no cinema brasileiro contemporâneo: estética e cosmética da fome". *ALCEU* 15 2007, pp. 242–255.

Böhme, Gernot: "Atmosphere as the Fundamental Concept of a New Aesthetics". *Thesis Eleven* 36 1993, pp. 113–126.

Caetano, Maria do Rosário: "Cinema brasileiro (1990–2002): da crise dos anos Collor à Retomada". *ALCEU* 15 2007, pp. 196–216.

Chappuzeau, Bernhard: *Cine Arthouse Latinoamericano. La articulación local-global en el cine contemporáneo* (Romanische Studien, Beihefte 10). München: AVM 2019.

Deutsche Welle: "*Praia do Futuro*. Uma história de contrastes". *Deutsche Welle*, 11/02/2014, em https://www.dw.com/pt-br/praia-do-futuro-uma-historia-de-contrastes/ [último acesso: 15/07/2020].

Fitzgibbon, Vanessa: "Fernando Meirelles' *Cidade de Deus / City of God*: The Representation of Racial Resentment and Violence in the New Brazilian Social Cinema". In: Regô, Cacilda / Rocha, Carolina (eds.): *New Trends in Argentine and Brazilian Cinema*. Bristol / Chicago: Intellect 2011, pp. 197–210.

Garrett, Adriano: "É um filme melancólico, sobre raiva e tristeza, diz dirctor de *Praia do Futuro*". *Cine Festivais*, 09/05/2014, em http://cinefestivais.com.br/e-um-filme-melancolico-sobre-raiva-e-tristeza-diz-diretor-de-praia-do-futuro/ [último acesso: 15/07/2020].

Gonçalo, Pablo: "*Praia do Futuro*, de Karim Aïnouz (Brasil/Alemanha 2014)". *Cinética* (Coberturas dos festivais. Em Campo) 2014, em http://revistacinetica.com.br/home/praia-do-futuro-de-karim-ainouz-brasilalemanha-2014/ [último acesso: 15/07/2020].

Heidegger, Martin: *El ser y el tiempo*. México: Fondo de Cultura Económico 1951.

Herculano, Daniel: "Crítica: 'Praia do Futuro' não é um romance gay mas um drama poético sobre as escolhas da vida". *Tribuna do Ceará* (Cinema), 15/05/2014, em https://tribunadoceara.com.br/diversao/cinema/critica-praia-do-futuro-nao-e-um-romance-gay-mas-um-drama-poetico-sobre-as-escolhas-da-vida/ [último acesso: 15/07/2020].

Hermanns, Ute: "Der brasilianische Film in Deutschland". In: Bader, Wolfgang (ed.): *Deutsch-brasilianische Kulturbeziehungen. Bestandsaufnahme, Herausforderungen, Perspektiven*. Frankfurt a.M.: Vervuert 2010, pp. 213–221.

Higson, Andrew: "La limitante imaginación del cine nacional". *Criterios* 59 2014, p. 994–1010.

Kühn, Joachim / Jones, Jennifer: *Praia do Futuro. Ein Spielfilm von Karim Aïnouz* (Presseheft). Köln: Real Fiction Filmverleih / Kölner Filmpresse 2014.

Lefebvre, Martin: "Between Setting and Landscape in the Cinema". In: Lefebvre, Martin (ed.): *Landscape and Film*. London: Routledge 2006, pp. 19–60.

Moguillansky, Marina: "¿Qué ves cuando me ves?: la recepción del cine brasileño por la crítica cinematográfica en Argentina". In: McElroy, Isis Costa / Muslip, Eduardo (eds.): *Passo da Guanxuma. Contactos culturales entre Brasil y Argentina*. Los Polvorines: Universidad Nacional de General Sarmiento 2013, pp. 107–129.

Nagib, Lúcia: *Brazil on Screen. Cinema Novo, New Cinema, Utopia*. London / New York: Tauris 2007.

Nagib, Lúcia: "O cinema da Retomada". In: Coordenação de Divulgação do Ministério das Relações Exteriores (ed.): *Cinema Brasileiro Contemporâneo. Cine Brasileño Contemporáneo. Contemporary Brazilian Cinema*. Brasilia: Athalaia Gráfica 2005, pp. 36–41.

Nagib, Lúcia (ed.): *O Cinema da Retomada: Depoimentos de 90 Cineastas dos Anos 90*. São Paulo: Editora 34 2002.

Rocha, Glauber: "Eztetyka da Fome". In: *Revolução do Cinema Novo*. Rio de Janeiro: Cosac Naify 2004, pp. 63–67.

Santos Lima, Paulo: "*Viajo porque preciso, volto porque te amo*, de Marcelo Gomes e Karim Ainouz". *Cinética* 2009, em http://www.revistacinetica.com.br/viajoporquepreciso.htm [último acesso: 15/07/2020].

Shaw, Lisa / Dennison, Stephanie: *Brazilian National Cinema*. London / New York: Routledge 2007.

Stelzig, Sabina: "Länderprofil Nr. 15 Brasilien". In: Hamburgisches WeltWirtschafts-Institut (ed.): *Focus Migration*. Hamburg: HWWI 2008, em http://focus-migration.hwwi.de/Brasilien.5879.0.html [último acesso: 15/07/2020].

Valente, Eduardo: *"Cinema, aspirinas e urubus,* Marcelo Gomes, Brasil, 2005".* Contracampo* 75 2005, em http://www.contracampo.com.br/75/cinemaaspirinas.htm [último acesso: 15/07/2020].

Velleggia, Susana: *La máquina de la mirada. Los movimientos cinematográficos de ruptura y el cine político latinoamericano.* Buenos Aires: Altamira 2009.

Westphal, Sascha: "Alice in den Städten". In: Bundeszentrale für politische Bildung (ed.): *Der Filmkanon.* Bonn: Bundeszentrale für politische Bildung 2010, em https://www.bpb.de/gesellschaft/bildung/filmbildung/filmkanon/43599/alice-in-den-staedten [último acesso: 15/07/2020].

Filmografia

Aïnouz, Karim: *Praia do Futuro.* Brasil / Alemanha 2014. (106 min.)

Aïnouz, Karim / Gomes, Marcelo: *Viajo porque preciso, volto porque te amo.* Brasil 2009. (75 min.)

Aïnouz, Karim / Gomes, Marcelo: *Sertão de acrílico azul piscina.* Brasil 2004. (26 min.)

Aïnouz, Karim: *Madame Satã.* Brasil / França 2002. (105 min.)

Denis, Claire: *Beau travail.* França 1999. (92 min.)

Gomes, Marcelo: *Cinema, aspirinas e urubus.* Brasil 2005. (99min.)

Levy-Heller, Alex: *Jovens polacas.* Brasil 2019. (96 min.)

Meirelles, Fernando / Lund Kátia: *Cidade de Deus.* Brasil / França / Alemanha 2002. (130 min.)

Ming-liang, Tsai: *Ni na bian ji dian / Que horas são aí.* Taiwan / França 2001. (116 min.)

Padilha, José: *Tropa de Elite.* Brasil / EUA / Argentina (115 min.)

Salles, Walter: *Abril despedaçado.* Brasil / França 2001. (105 min.)

Salles, Walter: *Central do Brasil.* Brasil / França 1998. (110 min.)

Sarno, Geraldo: *Viramundo.* Brasil / Argentina 1965. (37 min.)

Wenders, Wim: *Alice in den Städten / Alice nas cidades.* Alemanha 1974. (110 min.)

Júlia Garraio

As fronteiras que nos fazem: migrações para a Europa e espaços portugueses na cinematografia do século XXI[1]

Em *Visions of Europe* (2004), iniciativa que reuniu 25 cineastas oriundos/as dos países da União Europeia convidados/as a apresentar uma visão pessoal do projeto chamado "Europa", Portugal tem uma presença curiosa. O território português está presente no contributo do finlandês Aki Kaurismäki, que filma Bico, uma aldeia do Norte de Portugal, como lugar de ancestralidade. A curta-metragem opera pela tensão entre a visibilização desse lugar inóspito como parte da Europa e a sua representação com traços que tendem a ser alterizados da maneira como o continente costuma ser imaginado no início do século XXI: mulheres com o corpo totalmente coberto, papéis de género rígidos, economia agrícola de subsistência. Em contrapartida, o território português está ausente daquele que é anunciado como o contributo português para o projeto, *Cold Wa(te)r* de Teresa Villaverde, curta-metragem que mostra forças policiais italianas, na ilha de Lampedusa, a proceder à prisão de migrantes e à recolha de cadáveres dos que se afogaram na travessia. Numa altura em que o crescente sentimento de rejeição dos/as imigrantes extracomunitários/as alimentava a obsessão securitária pelas fronteiras externas da União Europeia, Villaverde cria uma contra-narrativa de empatia para com os/as migrantes que passa pela representação da fronteira Schengen como lugar distópico de segregação e violência.

O presente capítulo argumenta que o cinema das duas primeiras décadas do século XXI sobre migrações tende a produzir representações da identidade portuguesa que remetem para as duas visões acima referidas: por um lado, a encenação dos/as emigrantes portugueses/as como corpo alterizado numa Europa imaginada como progresso; por outro, a encenação de Portugal como parte da Europa a partir do papel segregador da fronteira Schengen como produtor de

---

1 Investigação realizada no âmbito de *(De)Othering: Desconstruindo o Risco e a Alteridade* (Referência: POCI-01-0145-FEDER-029997), projeto financiado por FEDER (Fundo Europeu de Desenvolvimento Regional) através do COMPETE 2020 (Programa Operacional Competitividade e Internacionalização, POCI) e por fundos nacionais portugueses através da FCT (Fundação para a Ciência e a Tecnologia).

identidades. Para isso, socorro-me de cinco longas-metragens sobre personagens migrantes que foram "para a Europa", questionando as implicações das
suas representações no entendimento de Portugal como lugar semiperiférico
no mapa mundo. Terei como objeto de análise, por um lado, filmes de ficção
que focalizam os impactos dos mecanismos de securitização da fronteira da
"Europa fortaleza"[2] nos/as migrantes extracomunitários (*Transe*, 2006, de
Teresa Villaverde; *Viagem a Portugal*, 2011, de Sérgio Tréfaut) e, por outro, ficções sobre as exclusões que marcam as vidas de portugueses/as em países europeus mais prósperos. Esta segunda parte centrar-se-á no filme francês *Menina*
(2017), de Cristina Pinheiro, e em *Ganhar a vida* (2001), de João Canijo. Aqui
questionarei as implicações de certas aproximações do filme de Canijo a ficções cinematográficas sobre os bairros da Grande Lisboa habitados maioritariamente por imigrantes negros/as, tomando como exemplo o filme suíço *Até
ver a luz* (2013) de Basil da Cunha.

Este corpus de análise não tem a pretensão de representatividade a partir de
um levantamento exaustivo da presença da temática na cinematografia portuguesa e/ou cinema sobre espaços e segmentos sociais portugueses. Trata-se
apenas de uma seleção subjetiva de longas-metragens que obedecem a três critérios: 1) filmes de ficção que encenam o percurso de migrantes que "foram
para a Europa" e que envolvem espaços e/ou figuras portuguesas; 2) longas-
metragens que tiveram significativa visibilidade mediática (daí a seleção de
títulos que passaram no circuito comercial alargado e que tiveram avaliações
positivas na crítica especializada); 3) obras que denotam um esforço de representação verossímil dos espaços socioculturais retratados. Nesse sentido, foram
selecionados filmes precedidos por um significativo trabalho de investigação
da parte dos/as cineastas: Villaverde escreveu um guião inspirado em rela-
tórios e testemunhos de mulheres traficadas para exploração sexual; Tréfaut
inspirou-se numa história verídica; o filme de Pinheiro tem traços autobiográ-
ficos; as longas-metragens de Canijo e Cunha foram precedidas de estadias dos
cineastas nos espaços retratados (e lugar das filmagens). Canijo é conhecido
pela implementação de técnicas de um cinema que se quer contagiar pela realidade social, como a obrigação de os/as atores/atrizes viverem nos locais das

---

2   O conceito surge atualmente no contexto dos debates sobre imigração, sendo usado
    tanto por defensores/as de políticas anti-imigração, que reclamam a vedação das
    fronteiras externas da UE para impedir a entrada de imigrantes extracomunitários/
    as, como por opositores/as dos sistemas de patrulha organizados pelos Estados mem-
    bros para repelir precisamente a imigração irregular.

filmagens e a integração de imagens de carácter documental. Veja-se, por exemplo, o genérico de *Ganhar a vida* com a atriz Rita Blanco entre a comunidade portuguesa a assistir a uma missa (Ribas 2019, pp. 194–195, p. 251). Basil da Cunha leva mais longe estas técnicas ao trabalhar exclusivamente com atores não profissionais: *Até à luz do dia* foi realizado com habitantes do bairro da Reboleira, na Amadora. Também a língua funciona como marcador importante do esforço de fidelidade às experiências migratórias. Do presente corpus, o português é a língua dominante apenas em *Ganhar a vida* (coprodução Portugal/França), ainda que aí coexista com o francês e seja um português repleto de influências francesas. Em *Menina* (produção francesa), coexiste com o francês, a língua dominante. Os dois encenam um processo de perda gradual do português: a primeira geração fala um português com influências francesas, a segunda exprime-se sobretudo em francês. Nos outros filmes do corpus, o lugar do português é ainda mais marginal: em *Viagem a Portugal* (produção portuguesa), dominam o russo e o francês, em *Transe* (coprodução Itália, Rússia, França, Portugal) o russo e o italiano, enquanto *Até ver a luz* (produção suíça) é falado predominantemente num crioulo de Cabo Verde.

Ainda que estejamos perante filmes comprometidos com questões sociais, seria erróneo interpretá-los como veículo da voz de qualquer grupo social. Aliás, no seu conjunto, o corpus desafia as tentativas de categorização do cinema sobre migrações a partir da biografia dos/as realizadores/as enquanto utensílio de análise estética[3]. Três cineastas têm biografias associadas à migração: Teresa Villaverde é uma realizadora portuguesa que passou parte da sua vida em Itália; Sérgio Tréfaut é português nascido no Brasil de pai português e mãe francesa, tendo passado parte significativa da sua vida na França; Cristina Pinheiro é francesa luso-descendente; Basil da Cunha é suíço luso-descendente. Porém, *Transe*, *Viagem a Portugal* e *Até ver a luz* apontam para experiências migratórias muito distintas daquelas associadas às biografias dos seus criadores. Apenas Cristina Pinheiro realiza um filme que remete para o espaço sociocultural em que a cineasta cresceu. Tomado no seu conjunto, o corpus deste capítulo valida o conceito abrangente de "immigrant cinema" aplicado por Isolina Ballesteros (2015, pp. 12ss.), isto é, uma categoria temática que abarca uma variedade de

---

3   Refiro-me aqui à investigação que usa a biografia dos/as realizadores/as como critério de sistematização do cinema sobre migrações. Por exemplo, Berghahn e Sternberg (2010, p. 16) distinguem entre "migrant cinema", criado por cineastas imigrantes da primeira geração, e "diasporic cinema", da autoria de cineastas da segunda ou terceira geração.

filmes de cineastas de diversas origens cujas abordagens a questões relacionadas com as vidas dos/as imigrantes e seus descendentes denotam um esforço de compromisso ético-político para com as experiências dessas pessoas.

O presente capítulo analisa como os filmes do corpus constroem as subjetividades dos/as migrantes, questionando o significado destas representações nas formas de imaginar a identidade portuguesa no contexto europeu. Não se trata de submeter o cinema ao escrutínio de verdade factual, mas de analisar como o cinema participa na (re)produção de imaginários sobre a migração de e para Portugal e as suas implicações na identidade portuguesa. Neste sentido, este trabalho situa-se na esteira da vasta investigação que recorre a produções culturais como material para o estudo dos imaginários de uma época, nomeadamente no que concerne às perceções de nação e comunidade. Como sabemos, a imprensa desempenhou um papel decisivo na emergência dos nacionalismos: foi a imprensa que, no contexto capitalista, permitiu que pessoas dispersas com vidas tão distintas e fazendo parte de classes sociais diferentes e, muitas vezes, com interesses antagónicos tivessem a sensação de pertença a uma mesma comunidade, revelando-se assim decisiva na construção da nação como "comunidade política imaginada" (Anderson 1983). O conceito cunhado por Anderson, recorrente em estudos sobre como os estados-nação debatem questões de política interna e externa como a imigração (Bauder 2011), tem-se revelado operacional na investigação sobre o papel do cinema como espaço para repensar as identidades, ideologias, imagens e memórias do continente europeu e redesenhar as suas fronteiras (Galt 2006). De facto, as indústrias audiovisuais são atualmente cruciais na (re)produção e (re)configuração de "modelos de identidade nacional com os quais o sujeito se pode identificar" (Ribas 2019, p. 24). Antes de passar à análise da forma como os filmes do corpus (re)produzem um discurso sobre a identidade portuguesa a partir de experiências migratórias no contexto europeu, torna-se necessário um brevíssimo excurso sobre o significado do conceito Europa na história recente de Portugal e as suas recentes vagas migratórias.

Onde começa a Europa

Quem nasceu na década de 60 e início dos anos 70 do século passado, ou seja, aquando do pico da emigração portuguesa para países como a França e a Alemanha, ainda se lembrará de ouvir a expressão "trabalhar na Europa" para referir os países para lá da linha dos Pirenéus. A ideia dos Pirenéus como fronteira é antiga. A famosa expressão "África empieza en los Pirineos", usada tradicionalmente, de forma depreciativa, sobretudo a partir da França, para excluir a

Espanha do projeto da modernidade iluminista, pressupunha a existência de uma civilização europeia superior cujo epicentro seria Paris. A fórmula é operativa, todavia, por mostrar como o conceito "Europa" não se resume a uma definição geográfica, mas implica imaginários socioculturais e político-religiosos que, a partir do Iluminismo, ultrapassam a adesão à chamada matriz cristã, para passarem a destacar uma ideia de progresso que, tal como revela o orientalismo como construção ideológica (Said 1978), implica a construção discursiva de um "Outro" simetricamente oposto. A fórmula sinaliza emblematicamente como a imagem de uma Europa imaginada como civilizada se constrói por oposição a uma África imaginada como lugar de trevas, não necessariamente nem unicamente a partir de premissas cristãs, mas no sentido de alheamento do pensamento racional e do conhecimento científico.

Quando referida a partir do lado ibérico dos Pirenéus, a fórmula serviu frequentemente de metáfora para debater o subdesenvolvimento de Portugal e Espanha e/ou o seu lugar como impérios enfraquecidos e/ou estados marginalizados nas relações de poder mapa-mundo. O subtexto que pressupõe que a Península não é parte autêntica da Europa tem sido usado também para reivindicar conceções de identidade nacional em que esse lugar de não europeu ganha carga identitária positiva enquanto identidade feita de fronteira, de pontos de contacto, de cruzamentos e encontros entre povos. Como sabemos, este foi um terreno fértil para os esforços de legitimação do projeto colonial português, alimentado, por um lado, por noções de superioridade cultural e missão civilizadora ancoradas na matriz cristã do país e sua ligação à Europa, e, por outro, assente num sentimento de predestinação colonial facilitado pelo lugar de extremidade, significado não como cauda da Europa, mas como ponte entre a Europa e o Sul. As famosas teses do lusotropicalismo, formuladas pelo brasileiro Gilberto Freyre (1900–1987), vão precisamente ao encontro de noções muito entranhadas nos imaginários coloniais portugueses em torno de uma certa ideia de excecionalidade da expansão portuguesa[4].

---

4   Veja-se, por exemplo, a questão da miscigenação. O que na realidade resultara da incapacidade de ocupar efetivamente os territórios conquistados com população branca e da promoção de economias sustentadas pela escravatura, da qual faziam parte a exploração sexual e laboral de mulheres racializadas, foi significado por Freyre como traço de um colonizador com menos preconceitos racistas (Castelo 2013; Cardão 2015). Sobre o cruzamento entre sexismo e racismo que normalizava os contactos sexuais entre brancos e negras e reprimia as relações entre negros e brancas, ver, por exemplo, o trabalho de Birmingham (2019) sobre Angola.

O valor simbólico dos Pirenéus abre para certas continuidades que marcam o lugar de Portugal nas geografias do poder do mapa-mundo desde o período colonial até ao presente. Eduardo Lourenço (1988) qualificou a relação histórica dos Portugueses com a Europa como sendo marcada pelo ressentimento e pelo fascínio: ressentimento por sentir que o país era excluído do desenvolvimento científico, artístico-cultural e económico dos centros do poder europeus; e simultaneamente fascínio por essa realidade. Com o fim da época colonial e a instauração da democracia, as lideranças políticas viraram as suas aspirações para a Comunidade Económica Europeia, onde Portugal existiria como país pequeno, fraco e periférico, mas crente de vir a partilhar a modernização e a prosperidade do projeto europeu. Junto de significativos setores da sociedade portuguesa, a integração europeia não esbateu, todavia, o sentimento de não-pertença do país à Europa. Como sinaliza a imagem metafórica da ilha no famoso romance *A Jangada de Pedra* (1986) de José Saramago, a contestação à integração europeia não se limita a meios conservadores nacionalistas, sobretudo quando se trata de questionar o modelo político-económico da União Europeia e as suas diretivas e imposições, como se verificou no período da Troika[5].

Os imaginários portugueses relativos à ideia de Europa foram também marcados fortemente pelos fluxos migratórios que acompanharam a História de Portugal das últimas décadas. Durante a chamada segunda vaga da emigração portuguesa (1950–1974)[6], Portugal foi um dos principais fornecedores de mão de obra barata da Europa Ocidental (sobretudo França e Alemanha) enquanto parte dos fluxos migratórios de um Sul pobre não industrializado para zonas industrializadas do Norte da Europa (Pereira 2012). O processo de democratização e os fundos europeus contribuíram para a melhoria do bem-estar da população, nomeadamente em áreas como a saúde e educação, mas o país continuou marcado por fortes assimetrias económicas e níveis elevados de pobreza. No terceiro ciclo da emigração portuguesa (1974–2000), a emigração

---

5   Troika é a designação atribuída à equipa composta pelo Fundo Monetário Internacional, pelo Banco Central Europeu e pela Comissão Europeia encarregada das negociações e da implementação das medidas impostas aquando dos empréstimos recebidos por Portugal no seguimento do pedido de ajuda internacional solicitado pelo governo português em abril de 2011.

6   Entende-se por primeiro ciclo da emigração portuguesa o período entre 1850 e 1930. O segundo ciclo vai dos anos 1950 até ao fim da ditadura, enquanto o terceiro vai de 1974 até ao ano 2000. A quarta vaga refere-se à emigração portuguesa no século XXI (Pereira / Azevedo 2019, pp. 4–5).

diminuiu fortemente, embora tenha permanecido significativa (cerca de 20 mil por ano), sobretudo em direção a países como a Suíça e a França, onde já havia redes de apoio (Pereira / Azevedo 2019, p. 5). Este ciclo é marcado também pela forte imigração: os "retornados"[7] (segunda metade da década de 70) e imigrantes africanos, brasileiros e de países da Europa de Leste, sobretudo nos anos 90, num momento de expansão económica e grandes obras. É assim que Portugal passa de país de emigração a país de emigração e imigração.

Tal como é exposto num volume recente sobre a quarta vaga da emigração portuguesa (Pereira / Azevedo 2019), o aumento significativo do desemprego fez com que a primeira década de 2000 fosse marcada pelo aumento crescente da emigração, situação que se agudizaria após 2011 no contexto da crise da dívida, das medidas de austeridade, da forte recessão e do aumento da precariedade laboral, que contribuíram para um acentuar das desigualdades sociais. Entre 2013 e 2015, Portugal teve uma média de 115 mil saídas, ou seja, atingiu-se o pico dos anos 60 do século passado (ibid.). A emigração portuguesa destes anos corrobora o *center-periphery framework* proposto por Russel King (2019) para analisar a migração dos países do Sul Europeu para as economias do centro, com a particularidade de Portugal estar mais próximo dos países do Leste Europeu do que dos restantes países do Sul europeu, onde o número de imigrantes continuou a ultrapassar o número de emigrantes (Pereira 2019). A comunicação social portuguesa da altura tendia a destacar a emigração de licenciados/as que saíram do país por causa do desemprego, da precariedade laboral, dos baixos salários e da endémica reprodução social que marca a sociedade portuguesa. No entanto, e apesar de esta percentagem ter de facto aumentado, uma grande parte dos/as portugueses/as que saíram nestas décadas não tinha diploma do ensino superior (ver os estudos que perfazem a segunda parte do volume Pereira / Azevedo 2019). Na primeira década do século XXI, 62% dos/as emigrantes portugueses/as tinha educação básica e 27% educação média (Pereira / Azevedo 2019, p. 15). Segundo dados publicados pelo Observatório da Emigração entre 2015 e 2018, Portugal era o país da União Europeia com a segunda taxa de emigração mais elevada, com cerca de 22% da população nacional a viver no estrangeiro e constituindo algumas das maiores minorias

---

7   "Retornados" é o termo que se impôs para designar as cerca de 500 mil pessoas que, com cidadania portuguesa, entraram em Portugal a seguir às independências das ex-colónias africanas, sobretudo de Angola e Moçambique. Cerca de um terço teria nascido nesses países (Pires 1984; Machado 2011).

em países europeus como a Suíça, a França e o Luxemburgo (Pereira / Azevedo 2019, p. 3).

Em suma, ainda que a democratização e a adesão ao projeto europeu não tenham acabado com a emigração portuguesa para países além-Pireneus por motivos económicos, o novo quadro político transformou-a profundamente. Desde logo, o fim da ditadura e das guerras coloniais significaram o desaparecimento do refugiado/a político/a e das fugas ao serviço militar. Para além disso, os acordos de livre circulação no quadro da União Europeia permitiram que a emigração portuguesa "para a Europa" se processasse noutros moldes, de forma regular e facilitada, fazendo do "salto"[8] algo do passado. É certo que a exploração laboral e a discriminação com base em perceções étnico-raciais continuam a ser vividas por muitos/as emigrantes portugueses/as, mas não só a ausência de policiamento inviabilizou os perigos e as vulnerabilidades do cruzamento de fronteira em situação de emigração irregular, como os acordos de livre circulação de trabalhadores/as deram garantias mínimas de proteção social aos/às portugueses/as no espaço europeu.

Portugal como fronteira da Europa

O pânico moral gerado pela associação entre migração, crime, violência e precariedade laboral tem contribuído para um crescente investimento na vigilância das fronteiras externas da União Europeia. Diversas produções cinematográficas sinalizam que a "transformação radical do papel da fronteira, que passou da marcação/afirmação da soberania nacional [...] a um lugar de controlo, de contenção e de rejeição dos imigrantes clandestinos, com um forte cunho policial" (Schurmans 2014, p. 96) se traduziu, na prática, num espaço poroso e violento que contrasta com o que é veiculado pelos discursos oficiais securitários. *Transe* (Villaverde 2006) e *Viagem a Portugal* (Tréfaut 2011) encenam, através de um trabalho de câmara comprometido com os/as imigrantes, estas dimensões das fronteiras Schengen.

Transe apresenta Sonia, uma jovem mulher de São Petersburgo, que parte para a Alemanha em busca de trabalho, onde é raptada por uma máfia que a

---

8   O "salto" era o termo usado para denominar a travessia clandestina empreendida pelos emigrantes portugueses nas décadas de 50, 60 e 70 através do território espanhol até entrar na França. Esta caminhada, feita por vezes a pé e recorrendo a passadores, implicava grande esforço e numerosos riscos. A série documental *Au Revoir, Portugal* (Carlos Alberto Gomes 2009) conta as histórias de muitas destas pessoas através dos seus próprios testemunhos.

vende para um bordel italiano, acabando algures num lugar remoto de Portugal, num final que sugere a loucura e morte. A viagem para e através da Europa é filmada a partir da perspetiva da personagem migrante (quer exibindo o plano de visão da protagonista quer usando o plano aproximado para expor a sua subjetividade), o que torna o público seu cúmplice, fazendo-o partilhar com ela o atordoamento, o medo, o caos, a incompreensão perante as forças que a aprisionam. O filme constrói a fronteira Schengen como algo que ultrapassa as linhas externas geográficas e se reveste de um carácter mais difuso. Sonia passa a fronteira externa da União Europeia e chega com facilidade à Alemanha, onde rapidamente encontra trabalho e alojamento. É aí, no coração económico da União, que o aparato securitário da fronteira, traduzido no medo da polícia, a leva a cair nas malhas dos traficantes. Enquanto "vida perdida" da globalização (Bauman 2004)[9], Sonia está sujeita a um quadro político-jurídico que apenas lhe permite estar no território europeu com o estatuto de "ilegal", o que a torna presa fácil do crime organizado. À porosidade da fronteira oficial contrapõe-se a violência das fronteiras que enclausuram a protagonista e que fazem com que cada tentativa de escape aos traficantes se traduza em mais violência, humilhação e degradação. *Transe* cria assim uma geografia alternativa da Europa Schengen sustentada pela diferenciação sócio-económico-jurídica dos seres humanos que habitam e percorrem as fronteiras oficiais da União Europeia, ou seja, uma diferenciação sustentada pela legislação que garante a certos indivíduos a cidadania (o direito à proteção dentro dessas fronteiras) e que coloca outros na mira das autoridades policiais. A Europa sem fronteiras, promessa de prosperidade, oportunidades, liberdade, dignidade e direitos humanos, materializa-se assim, a partir da perspetiva de uma imigrante extracomunitária, num mundo de violência, clausura e exploração, uma realidade de circuitos económicos dos quais faz parte o tráfico de seres humanos.

Viagem a Portugal também redefine a Europa como pesadelo produzido pela operacionalização das fronteiras Schengen. Maria é uma médica ucraniana que viaja a Portugal no dia 31 de dezembro de 1997 para passar a Passagem de Ano com o marido, Grégoire, médico senegalês que já se encontra no país. Retida pelo SEF (Serviço de Estrangeiros e Fronteiras), acaba por ser deportada após longas horas de interrogatório, em que é vítima de violência psicológica e vários abusos e humilhações. Como exemplo emblemático das potencialidades

---

9   Zygmunt Bauman usa o conceito "wasted lives" para referir aqueles/as que a modernização e o progresso económico relegaram para a categoria de população "supérflua" (refugiados/as, migrantes e outros/as párias sociais).

do "cinema de aeroporto"[10] na produção ideológica de uma identidade europeia pós-nacional que torna visível a homogeneização e burocratização da vida e identidade europeia transnacional (Gott 2018, p. 2), o filme de Tréfaut encena a violência da fronteira Schengen através de um pequeno aeroporto numa região turística, o aeroporto de Faro, espaço filmado como *huis clos* e lugar de filtragem de pessoas. Tal como em *Transe*, o trabalho de câmara é fundamental na mediatização do espaço europeu a partir da perspetiva dos/as migrantes extra-comunitários/as. Os planos aproximados e as sequências de campo e contra-campo, que predominam no filme, servem para desvendar as subjetividades das personagens: o medo, o desespero, o cansaço, a sensação de claustrofobia por parte da protagonista nas teias do SEF; a revolta e impotência do marido senegalês; e a sensação de poder, frieza e crueldade entre os/as funcionários/as do SEF. É assim que o aparato securitário do aeroporto é visibilizado como mecanismo de opressão que alimenta os egos de pequenos/as funcionários/as e sobretudo uma indústria de vigilância em colusão com certos negócios pri-vados de contornos mafiosos (veja-se, por exemplo, a agência de viagens que providencia os bilhetes para a deportação). Esta "economia da fronteira", legi-timada pelo discurso securitário, deixa visível, porém, a porosidade da mesma. No final, sabemos que Maria, seguindo o conselho do intérprete ucraniano, conseguiria entrar posteriormente em Portugal por via terrestre.

A construção cinematográfica da fronteira Schengen como espaço de vio-lência passa, em *Viagem a Portugal*, por uma revisitação de certos substratos culturais portugueses. O filme é permeado por um subtexto que contrapõe ao imaginário nacionalista português do povo acolhedor e aberto ao mundo (o imaginário da Expo-98) a realidade de um racismo profundo, legado do colo-nialismo, e reativado no contacto com os/as imigrantes que, na década de 90, entraram em Portugal, onde viriam a ser frequentemente associados ao crime e remetidos para trabalhos subalternos, como as grandes obras públicas que têm na Expo-98, onde Grégoire trabalha sem autorização de residência, o seu exem-plo mais emblemático[11]. O casamento entre uma mulher ucraniana branca e um homem negro senegalês é inconcebível no imaginário dos/as funcionários/as do SEF, que assumem estar perante uma situação de tráfico de mulheres de Leste

---

10 Michael Gott (2018) propôs o conceito "airport cinema" para designar filmes nos quais o espaço do aeroporto é um elemento de significado determinante, tais como *Viagem a Portugal*, *Dual* (Nejc Gazvoda, 2013, Eslovénia / Croácia / Dinamarca) e *L'Italien* (Olivier Baroux, 2010, França).

11 Sobre o racismo na sociedade portuguesa do século XXI, ver, por exemplo, Henriques (2016).

por máfias africanas. Enquanto Grégoire é sujeito a várias humilhações e abusos de teor racista, Maria enfrenta o sexismo, a objetivação sexual e preconceito que, no Portugal da década de 90, associava a "mulher de Leste" à prostituição. Os longos interrogatórios, a violência do confinamento e a desconfiança, o preconceito e a arrogância que caraterizam os/as funcionários/as do SEF expõem como a xenofobia do tecido social português se pôde reinventar através das diretivas europeias e canalizar para os mecanismos europeus do controlo de fronteiras. É a participação na vigilância do espaço Schengen e os lucros facultados pela "economia da fronteira" que tornam os espaços portugueses, e com eles os cidadãos/ãs portugueses/as, participantes do projeto europeu. A identidade portuguesa faz-se assim europeia através da reconfiguração de certos legados coloniais pela performatividade da fronteira Schengen.

O migrante português como subalterno

O papel da fronteira como experiência violenta de (re)configuração identitária é problematizado em *Menina*, filme francês de 2017 que conduz às vivências das comunidades de emigrantes portugueses dos anos 70. A história, que se desenrola numa cidade costeira luminosa de França, é filmada a partir do olhar da segunda geração. Centra-se numa criança de oito anos, Luísa, com um domínio rudimentar da língua dos pais, e na sua relação com o pai alcoólico, João, que sofre de doença terminal, a mãe distante e submissa, Leonor, e um irmão adolescente, Pedro. A comunidade portuguesa, filmada como o "Outro" de uma França próspera, aparece remetida para os bairros pobres e degradados, desempenhando trabalhos subalternos sem qualificações nas zonas remediadas e abastadas (limpeza e construção civil). Surge como comunidade fechada sobre si mesma, com formas de opressão no seu interior (veja-se como a violência doméstica faz parte do quotidiano da família da protagonista) e politicamente conservadora (veja-se o momento em que hino nacional se sobrepõe ao hino da revolução, a canção "Grândola, vila morena", na festa de celebração do 25 de abril).

A revisitação da infância – com destaque para os sentimentos contraditórios que Luísa nutre pela figura do pai, um homem atormentado, violento, mas também generoso – traduz essencialmente um esforço de reconciliação de alguém que se sente francesa com as suas origens portuguesas. Esse esforço materializa-se na invocação da geração de portugueses/as que faziam o "salto", que enchiam os bairros pobres da Europa industrializada, que desempenhavam trabalhos subalternos, que sonhavam com as férias em Portugal e o regresso ao país natal com poupanças que lhes permitissem uma reforma remediada. Em contrapartida, os seus filhos/as cresciam entre o sentimento de subalternidade em França, o alheamento do país dos pais e o desejo de integração plena na sociedade francesa. As (pós-)memórias do "salto" encenadas no filme reúnem as contradições desta experiência migratória portuguesa com o seu fosso inevitável entre a primeira geração e os seus descendentes. Foi o "salto" e as experiências traumáticas a ele associadas que permitiram a João construir família, ganhar a vida e oferecer um futuro melhor aos seus filhos (que, ao contrário dos pais, puderam ir à escola e assim escapar aos trabalhos mais precários). Porém, foi também o "salto" que fez de João um eterno estranho (e um alcoólico?), isolado não só da sociedade francesa maioritária, mas também dos seus filhos, para quem a França (a escola, as amizades, os namoros) ofereceram de facto oportunidades de construções identitárias emancipatórias e uma nova possibilidade de pertença.

A partir de um lugar de fala francês, *Menina* revisita uma herança dolorosa: a violência da fronteira para chegar a França através de redes de apoio à imigração ilegal, a pobreza e subalternidade no país de chegada, a violência de género dentro da comunidade. Ora, no contexto histórico em que o filme foi produzido (França de finais da década de 2010) estas experiências tendem a ser alterizadas através de outros processos de racialização da migração: para os/as migrantes do Sul que tentam atravessar o Mediterrâneo de forma irregular e para as comunidades de cultura muçulmana. Esta subtil associação entre a experiência da segunda vaga da emigração portuguesa e os/as imigrantes extracomunitários/as do século XXI também é percetível em *Ganhar a vida* (João Canijo 2001), mas aqui através de outras estratégias, que passam pela adoção da estética do filme sobre o subúrbio multicultural da metrópole cosmopolita, que tem em *La haine* (1995) de Mathieu Kassovitz uma espécie de matriz europeia.

O filme de Canijo, uma adaptação livre da *Antígona* de Sófocles (Rodrigues 2017), leva-nos até à comunidade portuguesa da *cité* de Villeneuve-Saint-Georges, parte da *banlieue* parisiense, na viragem do século. Cidália é empregada de limpeza, o marido Adelino trabalha na construção civil. O filho mais velho, aparentemente envolvido no tráfico de drogas, é morto durante uma operação policial. Inconformada, Cidália rebela-se contra a comunidade ao organizar uma petição e ações a contestar a atuação da polícia, o que chama a atenção da comunicação social e se traduz num maior policiamento do bairro, que, por sua vez, provoca uma reação violenta dos gangs envolvidos no tráfico. A réplica de um idoso "nós não estamos naquilo que é nosso. [...] Eu já por cá estou há 40 anos e isto aqui o que é preciso é não dar nas vistas" (00:31:58–00:32:10) remete de imediato para o epiteto *communauté silencieuse*, comumente atribuído aos/às imigrantes portugueses/as de França (Vaz 2014). No quadro significativo do filme, a réplica sintetiza a aposta numa existência que passa pela renúncia a uma voz pública e à plena cidadania, ou seja, uma suposta integração que se sustenta numa acomodação à não-integração. A ausência de alfândegas e da experiência basilar do "salto", tão marcantes na memória da migração portuguesa da segunda vaga, não implica assim que a existência dos/as emigrantes/as portugueses/as tenha deixado de ser moldada pelas fronteiras. Só que agora estas são socioeconómicas e simbólicas. Os/As emigrantes/as portugueses/as são representados/as como comunidade fechada sobre si própria – veja-se como as empregadas de limpeza, a caminho do trabalho, ouvem uma rádio em português com notícias sobre Portugal de caráter regional (01:18:06–01-19:04) – e com práticas sociais conotadas com a cultura tradicional do país de origem (culto mariano, uso de lenço para rezar, danças folclóricas). A sua presença na sociedade francesa tem contornos de invisibilidade, de marginalidade não contestatária. O trabalho de câmara é fundamental na encenação da (auto-) segregação da comunidade e da sua invisibilidade na sociedade francesa (Ribas 2019, p. 210, p. 219). O cenário da história, filmado em vídeo como espaço claustrofóbico e sombrio (prédios altos, planos sem horizonte, ambientes escuros, sem natureza, predomínio de interiores), remete, por um lado, para lugares de trabalhos subalternos (limpeza e construção civil), em horários sem a presença da sociedade maioritária (veja-se a sequência da limpeza dos autocarros) e, por outro, para os interiores da casa da família. Apenas no final, no que se insinua como o suicídio da protagonista, há uma transposição dos espaços para os quais são remetidos os/as emigrantes portugueses/as. Isolada da comunidade, que a responsabiliza pela reação violenta dos gangs ao policiamento do bairro, e repudiada pelo marido após a confissão de uma suposta traição, Cidália surge no centro monumental de Paris, que, por fim, se materializa nas emblemáticas pontes da "cidade das luzes".

O subúrbio multicultural da metrópole europeia também tem sido abordado pela cinematografia portuguesa sobre espaços nacionais. Desde os anos 90, algumas das produções cinematográficas portuguesas de maior relevo problematizam a sociedade contemporânea enquanto realidade urbana marcada por vivências de segregação racializada. Os bairros pobres da Grande Lisboa, com as suas comunidades imigrantes, oriundas sobretudo das antigas colónias portuguesas de África, são assim palco de destacados títulos do cinema de autor – veja-se, por exemplo, *Ossos* (1997) e *Juventude em marcha* (2006) de Pedro Costa –, bem como de filmes de grande êxito comercial como *Zona J* (1998) de Leonel Vieira. Os subúrbios surgem nestas produções imbuídos das caraterísticas que Bauman (2004, pp. 81ss.) encontrou nos contemporâneos guetos: zonas carenciadas na periferia de prósperas metrópoles, espaços de exclusão social que um certo discurso político associa à criminalidade.

Ora, é neste sentido que se impõe uma análise de *Ganhar a vida* não apenas como filme sobre a emigração portuguesa, mas simultaneamente como parte da cinematografia europeia sobre os subúrbios multiculturais das grandes cidades como espaços de segregação e violência, que tem como exemplos emblemáticos, para além do filme referido de Kassovitz, obras como *La journée de la jupe* (2009) de Jean-Paul Lilienfeld e *My Brother the Devil* (2012) de Sally El-Hosaini. É assim que são percetíveis convergências entre o filme de Canijo e *Até ver a luz* (2013) de Basil da Cunha não só pelas estratégias de filmagem, como também pelos traços atribuídos à comunidade imigrante e à sua relação com a sociedade maioritária. O bairro da Reboleira, subúrbio de Lisboa, é filmado como espaço de segregação, favorável às atividades ilícitas e à violência entre a segunda geração, enquanto os/as imigrantes da primeira geração, com trabalhos subalternos na limpeza e na construção, exibem práticas sociais conotadas com as tradições do país de origem (veja-se, por exemplo, a figura do curandeiro). Sombra, o protagonista, é, tal como Cidália, um ser isolado em rota de colisão com a sua comunidade imigrante, que, por sua vez, surge como vítima de repressão e discriminação, mas também como possuidora de formas de opressão dos seus membros. Porém, a mais significativa aproximação entre os dois filmes prende-se com a imagem do Estado, materializado filmicamente apenas através das forças policiais, que surgem como poder de ocupação e de opressão. Estas aproximações temáticas operam-se, em grande parte, através de uma convergência nas opções relativas ao trabalho de câmara. O predomínio de planos aproximados em câmara móvel coloca o/a espetador/a no papel de acompanhante/cúmplice/parceiro dos protagonistas em cenários em que predominam ambientes noturnos e de interiores. De maneira ainda mais intensa do que no filme de Canijo, o espaço urbano do bairro da Reboleira materializa-se como ambiente degradado, fechado, filmado através de planos entre muros e paredes a sugerir a claustrofobia do gueto e da prisão. A breves aberturas emergem apenas nos planos noturnos quando o protagonista, Sombra, a partir dos telhados do bairro, vê as luzes de Lisboa ao longe (01:19:13–01:19:23), e, no final, quando na praia, ao amanhecer, é alvejado pelo traficante branco (01:27:14–01:30:00). Ainda que de maneira menos óbvia do que em Canijo, também o filme de Basil da Cunha opera com elementos da tragédia para significar as realidades segregadoras dos bairros de subúrbio como forças trágicas que pairam sobre a vida do protagonista.

Considerações finais

O presente capítulo sustenta a pertinência de análises da cinematografia portuguesa pós anos-90 enquanto cinema transnacional. Veja-se, nesse sentido, a investigação de Villarmea Álvarez (2016) que se debruça precisamente sobre o trabalho de João Canijo e Teresa Villaverde. O multilinguismo que atravessa os filmes que perfazem o corpus deste estudo sinaliza como o hibridismo e os cruzamentos culturais, que caraterizam as experiências das comunidades migrantes retratadas, apontam para um tecido social mais vasto da atualidade com implicações na própria produção cinematográfica. Torna-se difícil pensar o cinema em termos de fronteiras nacionais porque as migrações, os contactos culturais e os fluxos económicos não permitem pensar a sociedade contemporânea em termos de Estado-nação. Pensemos desde logo nos financiamentos do cinema e nos processos de produção e distribuição: três dos filmes do corpus são coproduções e todos passaram em circuitos internacionais. São também as biografias dos/as cineastas que remetem para experiências migratórias. Vimos como as biografias de Teresa Villaverde, Sérgio Tréfaut, Basil da Cunha e Cristina Pinheiro apontavam para fluxos migratórios do século XX.

Para estes/as cineastas a Europa tem sido um espaço de mobilidade a partir do qual pensam e imaginam o presente. Ao criarem filmes a partir das perspetivas ficcionadas daqueles/as para quem os Estados europeus se materializam como força de vigilância e repressão (guardas de fronteira e forças policiais), revestem de traços distópicos a viagem para a Europa (a viagem pesadelo) e os bairros de imigrantes (guetos de pobreza e segregação). Esta significação prende-se com a construção discursiva das fronteiras (as externas da "Europa fortaleza" e as internas simbólicas dos guetos de pobreza racializada) como espaços de produção de hierarquias e subalternidades. É a participação no quadro de exclusões gerados pela fronteira Schengen que permite a Portugal existir como país europeu, mas essa construção política, quando olhada a partir da diversidade do seu interior, não implica a existência de uma cidadania homogénea. Pelo contrário, sugere a existência de linhas simbólicas geradoras de desigualdades frequentemente racializadas. A Europa Schengen imaginada nestes filmes é uma Europa de ilhas, deserdados/as, exclusões, racializações, hierarquias, marginalizações. E é assim que este tipo de filmes que produz ficcionalmente perspetivas daqueles/as cujas vidas "valem menos" no contexto da União Europeia nos poderá convidar a procurar formas de cidadania emancipatórias para lá do quadro jurídico Schengen.

Bibliografia

Anderson, Benedict: *Imagined Communities: Reflections on the Origin and Spread of Nationalism*. London / New York: Verso 1983.

Bauder, Harald: *Immigration Dialectic: Imagining Community, Economy and Nation*. Toronto: University of Toronto Press 2011.

Bauman, Zygmunt: *Wasted Lives: Modernity and its Outcasts*. Cambridge: Polity 2004.

Ballesteros, Isolina: *Immigration Cinema in the New Europe*. Bristol / Chicago: Intellect 2015.

Berghahn, Daniela / Stenberg, Claudia (eds.): *European Cinema in Motion. Migrant and Diasporic Film in Contemporary Europe*. London: Palgrave Macmillan 2010.

Birmingham, David: *A Short History of Modern Angola*. Johannesburg: Jonathan Ball Publishers 2019.

Cardão, Marcos: "Allegories of Exceptionalism: Lusotropicalism in Mass Culture (1960–1974)". *Portuguese Journal of Social Science* 14 2015, pp. 257–273.

Castelo, Claudia: "O lusotropicalismo e o colonialismo português tardio". *Buala* 2013, em http://www.buala.org/pt/a-ler/o-luso-tropicalismo-e-ocolonialismo-portugues-tardio [último acesso: setembro 2020].

Galt, Rosalind: *The New European Cinema Redrawing the Map*. New York: Columia UP 2006.

Gott, Michael: "Lost in Transit or Ready for Takeoff?: Airport Cinema and European identity". *Studies in European Cinema* 15(2–3) 2018, pp. 180–197.

Henriques, Joana Gorjão: *Racismo em Português. O Lado Esquecido do Colonialismo*. Lisboa: Tinta da China 2016.

King, Russel: "New Migration Dynamics on the South-Western Periphery of Europe: Theoretical Reflections on the Portuguese Case". In: Pereira, Cláudia / Azevedo, Joana (eds.): *New and Old Routes of Portuguese Emigration. Uncertain Futures at the Periphery of Europe*. Cham: Springer 2019, pp. 267–281.

Lourenço, Eduardo: *Nós e a Europa ou as Duas Razões*. Lisboa: Imprensa Nacional Casa da Moeda 1988.

Machado, Bruno: *Os Filhos dos "Retornados": a Experiência Africana e a Criação de Memórias, Pós-memórias e Representações na Pós-colonialidade*. Dissertação de Mestrado apresentada ao Instituto de Geografia e Ordenamento do Território da Universidade de Lisboa 2011.

Pereira, Cláudia: "A New Skilled Emigration Dynamic: Portuguese Nurses and Recruitment in the Southern European Periphery". In: Pereira, Cláudia /

Azevedo, Joana (eds.): *New and Old Routes of Portuguese Emigration. Uncertain Futures at the Periphery of Europe*. Cham: Springer 2019, pp. 97–122.

Pereira, Cláudia / Azevedo, Joana (eds.): *New and Old Routes of Portuguese Emigration. Uncertain Futures at the Periphery of Europe*. Cham: Springer 2019.

Pereira, Victor: *La dictature de Salazar face à l'émigration*. Paris: Presses de Science Po 2012.

Pires, Rui Pena: *Os Retornados: um Estudo Sociográfico*. Lisboa: Instituto de Estudos para o Desenvolvimento 1984.

Ribas, Daniel: *Uma Dramaturgia da Violência: os Filmes de João Canijo*. Lisboa: Imprensa de História Contemporânea 2019.

Rodrigues, Nuno S.: "Like a Ghost of Antigone": *Ganhar a Vida* (Get a Life), by João Canijo". In: Morais, Carlos / Hardwick, Lorna / Silva, Maria de F. (eds.): *Portrayals of Antigone in Portugal. 20th and 21st Century Rewritings of the Antigone Myth*. Leiden: Brill 2017, pp. 239–250.

Said, Edward: *Orientalism*. New York: Pantheon Books 1978.

Saramago, José: *A Jangada de Pedra*. Alfragide: Editorial Caminho 1986.

Schurmans, Fabrice: "A representação do migrante clandestino no cinema contemporâneo: efeitos e cenas de fronteira". *Revista Crítica de Ciências Sociais* 105 2014, pp. 93–112.

Vaz, Miguel D.: *La communauté silencieuse. Histoire de l'immigration portugaise*. Paris: Elytis 2014.

Villarmea Álvarez, Iván: "Mudar de perspetiva: a dimensão transnacional do cinema português contemporâneo". *Aniki. Revista Portuguesa de Imagem em Movimento* 3(1) 2016, pp. 101–120, em https://doi.org/10.14591/aniki. v3n1.212 [último acesso: 01/09/2020].

Filmografia

Canijo, João: *Ganhar a vida*. Portugal 2001. (115 min.)

Cunha, Basil da: *Até ver a luz*. Suíça 2013. (95 min.)

Kaurismäki, Aki: "Bico". In: *Visions of Europe*. Finlândia 2004. (5 min.)

Pinheiro, Cristina: *Menina*. França 2017. (97 min.)

Tréfaut, Sérgio: *Viagem a Portugal*. Portugal 2011. (75 min.)

Villaverde, Teresa: *Transe*. Itália / Rússia / França / Portugal 2006. (126 min.)

Villaverde, Teresa: "Cold W(at)er". In: *Visions of Europe*. Portugal 2004. (5 min.)

Autoras e autores

Bernhard Chappuzeau é doutor em Filosofia pela Universidade Heinrich Heine de Düsseldorf (Alemanha) e professor habilitado para a docência de Estudos Ibero-românicos na Universidade Humboldt de Berlim (Alemanha). Atualmente trabalha como professor convidado de Estudos Germânicos na Universidade da Boemia do Oeste em Pilsen (República Checa). É autor da monografia *Cine Arthouse Latinoamericano. La articulación local-global en el cine contemporáneo* (Romanische Studien, 2019) e co-editor de *Cine argentino contemporáneo. Visiones y discursos* (Iberoamericana/Vervuert, 2016), entre outras publicações. Os seus projetos de pesquisa integram a Teoria do cinema, a Filosofia da imagem, a Literatura e os Estudos Culturais.

Júlia Garraio é investigadora do Centro de Estudos Sociais, da Universidade de Coimbra. É doutorada em Literatura Alemã pela mesma universidade. Tem publicações nas áreas das culturas e literaturas alemã e portuguesa e da literatura angolana. Os seus atuais interesses de investigação incluem violência sexual, masculinidades, feminismos, nacionalismo, memória, literatura comparada e media. É membro co-fundador do grupo de investigação internacional *SVAC-Sexual Violence in Armed Conflict* (https://warandgender.net/about/) e faz parte do Conselho Editorial da revista *European Journal of Women's Studies*. Atualmente é investigadora contratada do projeto *DeCodeM – (Des)Codificar Masculinidades: para uma melhor compreensão do papel dos media na construção de perceções de masculinidades em Portugal*.

Esther Gimeno Ugalde é atualmente pós-doutoranda no Departamento de Línguas e Literaturas Românicas da Universidade de Viena e membro do *cluster* Diálogos Ibéricos e Ibero-americanos no Centro de Estudos Comparatistas da Faculdade de Letras da Universidade de Lisboa. Durante os seus anos nos Estados Unidos, trabalhou como Assistant Professor no Boston College e foi também Max Kade Fellow na Universidade de Harvard. As suas áreas de investigação incluem os Estudos Ibéricos, os Estudos de Tradução e a Cultura Visual, com especial interesse na estética do multilinguismo (literatura e cinema) e nas relações culturais e interliterárias na Península Ibérica. É editora da *International Journal of Iberian Studies* e coordenadora do projeto *IStReS – Iberian Studies Reference Site*. É também co-editora, entre outros, de *Nuevas voces y miradas. El cine de mujeres directoras en España y América Latina* (Peter Lang, 2014) e *Representaciones del mundo indígena en el cine hispanoamericano (Documental y ficción)* (Editorial Universidad de Costa Rica, 2017).

Kathrin Sartingen é professora titular de Literaturas, Culturas e Media em língua portuguesa e espanhola (com enfoque especial na América Latina e África) no Departamento de Línguas e Literaturas Românicas da Universidade de Viena, Áustria. Até 2019 foi Presidente da Associação Alemã de Lusitanistas (*Deutscher Lusitanistenverband* – DLV). As suas áreas de pesquisa são: Relações literárias, fílmicas e culturais transatlânticas (Iberia – África – América Latina); Intertextualidades, Intermedialidades (cine, teatro, literatura) e interculturalidades; Teorias pós-coloniais; Narratologia. Publicações científicas (seleção): *Nuevas voces y miradas. El cine de mujeres directoras en España y América Latina* (Peter Lang, 2014); *A tradução em movimento. Figurações do traduzir entre culturas de Língua Alemã e culturas de Língua Portuguesa* (Peter Lang, 2017); *Tudo menos invisível. Teatro, literatura e cinema no mundo ibero-românico* (Peter Lang, 2017); *Uma Arena de Vozes: Intermedialidades e intertextualidades em literatura e cinema da América Latina, África Lusófona e Portugal* (Peter Lang, 2018).

Robert Stock é Professor Assistente no Instituto de História e Teoria Cultural, Universidade Humboldt de Berlim. Coordenou a unidade de pesquisa "Mediale Teilhabe" (Participação e Media), financiada pela DFG (Deutsche Forschungsgemeinschaft – Fundação Alemã de Investigação), na Universidade de Konstanz, Alemanha (2015–2021). Tem um doutoramento em Estudos Culturais pela Universidade de Gießen (2017) e obteve o seu mestrado em Etnografia Europeia pela Universidade Humboldt de Berlim (2009). Os seus principais interesses de investigação são práticas culturais de ouvir e ver, media digital e deficiência (dis/ability), ambivalências de testemunho audiovisual e políticas de memória pós-colonial. É co-editor da edição especial "Transitions Revisited: The End of the Portuguese Colonial Empire in Luso-African Cinema (1974–2014)", publicada no *Journal of African Cinemas* (2018) e autor da monografia *Filmische Zeugenschaft im Abseits. Kulturelle Dekolonisierungsprozesse und Dokumentarfilme zwischen Mosambik und Portugal* (transcript, 2018).

Iván Villarmea Álvarez é doutor em História da Arte pela Universidade de Zaragoza (Espanha) e trabalha atualmente como professor auxiliar convidado de Estudos Fílmicos na Universidade de Coimbra. É autor da monografia

Documenting Cityscapes. Urban Change in Contemporary Non-Fiction Film (2015) e co-editor dos volumes *Jugar con la memoria. El cine portugués en el siglo XXI* (2014, com Horacio Muñoz Fernández) e *New Approaches to Cinematic Space* (2019, com Filipa Rosário). Desde 2011 escreve na revista digital de crítica cinematográfica *A Cuarta Parede.*

Wiener Iberoromanistische Studien
Herausgegeben von Kathrin Sartingen

Die Bände 1 und 2 sind im Martin Meidenbauer Verlag erschienen und können über den Verlag Peter Lang, Internationaler Verlag der Wissenschaften, bezogen werden: www.peterlang.com.

Ab Band 3 erscheint diese Reihe im Verlag Peter Lang, Internationaler Verlag der Wissenschaften.

www.ingramcontent.com/pod-product-compliance
Lightning Source LLC
Chambersburg PA
CBHW030245100426
42812CB00002B/328